Familienküche

Geflügel

Kay-Henner Menge · Claudia Schmidt

Inhalt

Alle Rezepte auf einen Blick – bitte umblättern – alle Rezepte auf einen Blick – bitte umblättern – alle Rezepte auf einen Blick – bitte umblättern

Auf einen Blick

– nach Zubereitungszeit sortiert –

= Zubereitungszeit bis 45 Minuten
= Zubereitungszeit bis 1 1/2 Stunden
= Zubereitungszeit über 1 1/2 Stunden
* = inkl. Sonderzeit

Kostenkategorien (für 4 Personen):
preiswert = bis 20,00 DM (10,23 €)
etwas teurer = 20,00–40,00 DM (10,23–20,46 €)

Hähnchensalat im Tortillabrot

Seite **22**
Zeitaufwand **ca. 30 Min.**
Kosten **preiswert**

Bulgursalat mit gebratenen Putenbruststreifen

Seite **24**
Zeitaufwand **ca. 45 Min.**
Kosten **preiswert**

Schnelle Hühnersuppe mit Nudeln

Seite **26**
Zeitaufwand **ca. 45 Min.**
Kosten **preiswert**

Geflügelcremesuppe mit Erdnussaroma

Seite **28**
Zeitaufwand **ca. 45 Min.**
Kosten **preiswert**

Thailändische Hühnersuppe mit Reis

Seite **30**
Zeitaufwand **ca. 45 Min.**
Kosten **etwas teurer**

Hähnchencurry mit Kokos

Seite **42**
Zeitaufwand **ca. 45 Min.**
Kosten **etwas teurer**

Hähncheneintopf mit Mango

Seite **34**
Zeitaufwand **ca. 1 Std.**
Kosten **preiswert**

Gefüllte Putenröllchen mit bunten Nudeln

Seite **44**
Zeitaufwand **ca. 1 Std.**
Kosten **etwas teurer**

Puten-Gemüse-Ragout mit Spätzle

Seite **50**
Zeitaufwand **ca. 1 Std.**
Kosten **preiswert**

Gegrillte Putenschnitzel m. Kartoffel-Bohnen-Salat

Seite **74**
Zeitaufwand **ca. 1 Std.**
Kosten **etwas teurer**

Entenbrust mit Granatapfelsauce

Seite **84**
Zeitaufwand **ca. 1 Std.**
Kosten **etwas teurer**

Hähnchenrisotto

Seite **40**
Zeitaufwand **ca. 1 1/2 Std.**
Kosten **preiswert**

Putengulasch mit Paprika und Brezelknödeln

Seite **46**
Zeitaufwand **ca. 1 1/2 Std.**
Kosten **etwas teurer**

Backhendl mit Kartoffel-Gurken-Salat

Seite **52**
Zeitaufwand **ca. 1 1/2 Std.**
Kosten **etwas teurer**

Hähnchen mit Ricottafüllung

Seite **58**
Zeitaufwand **ca. 1 1/2 Std.**
Kosten **etwas teurer**

Rosmarin-Zitronen-Huhn

Seite **64**
Zeitaufwand **ca. 1 1/2 Std.**
Kosten **preiswert**

Hähnchenspieße mit Erdnussdip

Seite **110**
Zeitaufwand **ca. 1 3/4 Std.***
Kosten **preiswert**

Hähnchenkeulen im Teig

Seite **112**
Zeitaufwand **ca. 1 3/4 Std.**
Kosten **preiswert**

Poularde in Estragonsauce

Seite **48**
Zeitaufwand **ca. 2 Std.**
Kosten **preiswert**

Geschmorte Putenkeulen

Seite **94**
Zeitaufwand **ca. 2 Std.**
Kosten **etwas teurer**

Gefüllte Putenbrust mit Käsehaube

Seite **60**
Zeitaufwand **ca. 2 1/4 Std.***
Kosten **etwas teurer**

Salat mit Hähnchenstreifen

Seite 16
Zeitaufwand ca. 35 Min.
Kosten preiswert

Gurkeneintopf mit Putenfleisch

Seite 32
Zeitaufwand ca. 40 Min.
Kosten preiswert

Rigatoni mit Hähnchenragout

Seite 80
Zeitaufwand ca. 40 Min.
Kosten preiswert

Hähnchenbrust in Papaya-Kokos-Sauce

Seite 86
Zeitaufwand ca. 40 Min.
Kosten etwas teurer

Salat mit gebratener Entenbrust

Seite 18
Zeitaufwand ca. 45 Min.
Kosten etwas teurer

Schmorgurken mit Hähnchenfüllung

Seite 56
Zeitaufwand ca. 45 Min.
Kosten preiswert

Kleine Hähnchenkeulen auf Ratatouille

Seite 70
Zeitaufwand ca. 45 Min.
Kosten preiswert

Grüner Nudelsalat mit Sesamhuhn und Mango

Seite 20
Zeitaufwand ca. 50 Min.
Kosten preiswert

Hähnchenbrust mit Weintraubensauce

Seite 38
Zeitaufwand ca. 50 Min.
Kosten preiswert

Mandel-Putensteaks mit Tomatengemüse

Seite 82
Zeitaufwand ca. 50 Min.
Kosten preiswert

Hähnchenfrikadellen mit Currysauce

Seite 90
Zeitaufwand ca. 1 Std.
Kosten preiswert

Ungarisches Paprikahuhn

Seite 92
Zeitaufwand ca. 1 Std.
Kosten preiswert

Entenbrust mit Senf-Kräuter-Kruste

Seite 96
Zeitaufwand ca. 1 Std.
Kosten etwas teurer

Blätterteigpasteten mit Hähnchenfüllung

Seite 100
Zeitaufwand ca. 1 Std.
Kosten preiswert

Gebratene Hähnchenflügel

Seite 108
Zeitaufwand ca. 1 1/4 Std.
Kosten preiswert

Nudelauflauf mit Putenbrust und Gemüse

Seite 66
Zeitaufwand ca. 1 1/2 Std.*
Kosten etwas teurer

Hähnchenkeulen mit Maiskruste

Seite 72
Zeitaufwand ca. 1 1/2 Std.
Kosten preiswert

Crêpes mit Gemüse-Hähnchen-Füllung

Seite 114
Zeitaufwand ca. 1 1/2 Std.
Kosten preiswert

Geschmorte Hähnchenbrust

Seite 68
Zeitaufwand ca. 1 3/4 Std.*
Kosten preiswert

Putenbrust mit Chinakohl-Kirsch-Gemüse

Seite 88
Zeitaufwand ca. 1 3/4 Std.*
Kosten etwas teurer

Pie mit Hähnchen-Currygemüse-Füllung

Seite 102
Zeitaufwand ca. 2 3/4 Std.*
Kosten preiswert

Linsensalat mit Entenbrust

Seite 104
Zeitaufwand ca. 2 3/4 Std.*
Kosten preiswert

Gans mit Apfelfüllung

Seite 62
Zeitaufwand ca. 3 1/4 Std.*
Kosten etwas teurer

Grillhuhn mit Lauch-Mais-Gemüse

Seite 76
Zeitaufwand ca. 13 Std.*
Kosten preiswert

Hühnerleber-Apfel-Terrine

Seite 106
Zeitaufwand ca. 21 3/4 Std.*
Kosten preiswert

Geflügel in allen Variationen

„Durch den Schornstein mit Vergnügen sehen sie die Hühner liegen, die schon ohne Kopf und Gurgeln lieblich in der Pfanne schmurgeln."
Dieser Vers aus Wilhelm Buschs „Max und Moritz" kann einem schon Lust auf ein saftiges Stück Geflügelfleisch machen.

Vielseitigkeit ist des Geflügels Stärke

Unverständlich, dass die Wörter Huhn, Gans und Pute zu Schimpfwörtern werden konnten, sind diese Vögel doch in der Küche heiß begehrt: Was wäre etwa eine gehaltvolle Suppe ohne ihre Basis, die fette und schmackhafte Geflügelbrühe? Doch das ist längst nicht alles – Geflügel kann auf die verschiedensten Arten lecker zubereitet werden: gekocht, kurz gebraten, im Ofen geschmort, gegrillt, warm oder kalt serviert ... die Vielseitigkeit von Gefügel ist nahezu unschlagbar! Sie finden in diesem Buch daher Rezepte für jede Gelegenheit, von unkomplizierten Alltagsrezepten bis zu Vorschlägen für das Sonntagsmenü, dazu Rezeptideen für Partys und für Gerichte zum Mitnehmen ins Grüne oder ins Büro.

Von Kindern heiß geliebt

Dass Kinder gern Flügelchen abknabbern oder in knusprige Hühnchenschenkel beißen, ist allseits bekannt. Wir haben bei unseren Rezepten besonders an Ihre kleinen Familienmitglieder gedacht und zusätzlich viele Tipps speziell für Kinder ausgearbeitet. So gibt es zu vielen Rezepten Hinweise, wie Ihre Kleinsten am Herd mit anpacken können. Wieder mit dabei sind auch Vorschläge zur Variation oder zur Veredelung von Gerichten, Tipps zur Vorbereitung, Aufbewahrung und Resteverwertung und natürlich ernährungsphysiologische Hinweise.

Ob ganz oder zerlegt: Die Variationsbreite der mit Geflügel möglichen Gerichte ist riesig.

Sie haben die Wahl

Es gibt eine Vielzahl von Haus- und Wildgeflügel, das sich für die Zubereitung in der Küche eignet. In diesem Buch haben wir uns auf die gängigen Hausgeflügel Huhn, Pute, Ente und Gans beschränkt:

Das Huhn

Bis uns hierzulande der Hühnerbraten Gaumenfreude bereiten konnte, musste das

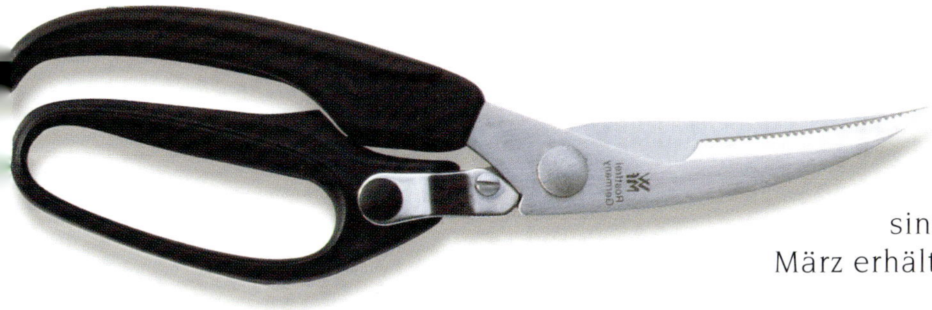

Eine Geflügelschere ist beim Zerlegen von Geflügel fast unverzichtbar.

Huhn einen weiten Weg zurücklegen: Es stammt ursprünglich aus Südostasien, wo es bereits um 2500 v. Chr. als Hausgeflügel gehalten wurde.

Je nach Alter und Schlachtgewicht wird das Huhn unter verschiedenen Bezeichnungen und Gewichtsklassen verkauft:

Stubenküken sind 3–5 Wochen alt und wiegen maximal 650 g.

Hähnchen werden in der Regel mit einem Gewicht von 600–1300 g geschlachtet und sind 5–6 Wochen alt.

Poularden oder Junghühner wiegen mehr als 1200 g und werden nach 10–12 Wochen geschlachtet.

Suppenhühner sind älter als 1 Jahr und wiegen 1500–2400 g. Bei ihnen handelt es sich meist um Legehühner, die nach der Legeperiode geschlachtet werden.

Die Pute

Auch dieser Vogel, der 1520 von den Spaniern aus Amerika nach Europa gebracht wurde, eroberte hier schnell die Küchen der Feinschmecker. Die Pute gehört zur Familie der Truthühner und wird vor der Geschlechtsreife geschlachtet. Ganze Puten, mit einem Gewicht von 3–8 kg, sind vorwiegend von September bis März erhältlich.

Die Ente

Auch sie stammt ursprünglich aus Asien: In China wurde sie bereits lange vor unserer Zeitrechnung gehalten.

Die bekanntesten Zuchtrassen heute sind die englische Aylesbury-Ente, die Rouen-Ente aus der Normandie, die Peking-Ente, die Nantes- und die Pommern-Ente. Bei den fettreicheren Sorten, vor allem der Aylesbury- und der Peking-Ente, muss das Fett durch langes Garen weitgehend ausgebraten werden.

In den Handel kommen vor allem Frühmastenten (7–8 Wochen alt), die im Frühjahr Saison haben, und junge Mastenten (bis zu 6 Monate alt).

Die Gans

Sie wurde bereits von den Germanen als Nutztier gehalten. Gänse waren immer, sowohl wegen ihres hervorragenden Fleisches als auch wegen ihrer Federn, sehr begehrt. Gänse werden innerhalb eines Mastjahres geschlachtet, ältere Exemplare sind weniger schmackhaft. Von allen Geflügelarten haben sie den höchsten Fettgehalt. Sichtbares Fett

Da läuft einem doch das Wasser im Munde zusammen: eine leckere gegrillte Pute.

können Sie vor dem Garen entfernen und, eventuell mit Äpfeln und Zwiebeln, zu Gänseschmalz verarbeiten. Gänse werden meist im Backofen auf dem Rost gebraten. So kann das unter der Haut sitzende Fett austreten und abtropfen, ohne dass die Gans im Bratenfett „schwimmt".

Äußerst praktisch zum Auftauen von tiefgefrorenem Geflügel: ein Stand-Seiher.

Das Hühnchen aus der Kälte

Wer früher im Hof seine eigenen Hühner hielt, konnte ein Huhn schlachten, sobald es gebraucht wurde. Heute greifen wir auf das Angebot im Supermarkt zurück und kaufen Geflügel als:
Frischgeflügel, das zwischen +4 °C und –2 °C gekühlt sein muss;
gefrorenes Geflügel, das direkt nach der Schlachtung einer Mindesttemperatur von –12 °C ausgesetzt und bei dieser Temperatur auch aufbewahrt wird;
tiefgefrorenes Geflügel, das bei –18 °C eingefroren und bei dieser Temperatur gelagert werden muss.
Die Haltbarkeit von tiefgefrorenem Geflügel hängt vom Fettgehalt ab: Putenfleisch hält am längsten, es kann 1 ½ Jahre in der Tiefkühltruhe aufbewahrt werden. Hähnchen sollten maximal etwa 1 Jahr und Gänse nur 8 Monate gelagert werden.
Vorsicht mit nicht sachgerecht gelagertem Geflügel im Handel:
• Die Verpackung sollte keinen Riss aufweisen, denn sonst droht Gefrierbrand. Dies sind ausgetrocknete Stellen, die die Qualität des Fleisches stark mindern.
• Sehen Sie Eiskristalle in der Verpackung, deutet das auf eine Unterbrechung der Gefrierkette hin, das Huhn könnte also schon einmal aufgetaut gewesen sein. Lassen Sie diese Ware liegen, das Fleisch könnte verdorben sein und Keime könnten sich vermehrt haben.

Tiefgefrorenes Geflügel sollte im Kühlschrank (4 °C) aufgetaut werden. Einige Auftauzeiten als Anhaltspunkt:
Hähnchen (ca. 1 kg): 12–18 Stunden;
Hähnchenbrustfilet (ca. 250 g): 6 Stunden;
Poularde (1,2–1,4 kg): 18–25 Stunden;
Ente (1,5–3 kg): 30–35 Stunden
Gans (3,5–4 kg) 35–40 Stunden.

Handelsklassen

Damit man beim Einkauf die Geflügelqualität beurteilen kann, ist die Handelsklasse auf der Verpackung ausgewiesen. Handelsklasse A steht für die beste Qualität: Das Geflügel ist einwandfrei gerupft, ist ohne Verletzungen und vollfleischig. In der Handelsklasse B darf das Geflügel geringe Verletzungen haben.

Der Umgang mit Geflügel

So einfach die Zubereitung von Geflügel in der häuslichen Küche auch ist, Sie sollten wegen einer möglichen Salmonellenverunreinigung einige Grundregeln beachten:
• Entfernen Sie bei gefrorenem Geflügel die Verpackung vollständig und werfen Sie diese dann sofort weg. Legen Sie den gefrorenen Vogel in ein großes Gefäß mit Gittereinsatz, damit austretende Flüssigkeit abtropfen kann, und lassen Sie ihn zugedeckt im Kühlschrank auftauen. Ist das Geflügel aufgetaut, das Tauwasser sofort weggießen.
• Spülen Sie frisch gekauftes oder aufgetautes Geflügel unter fließendem kaltem Wasser ab, und tupfen Sie es mit Küchenkrepp trocken.
• Waschen Sie nach der Zubereitung von Geflügel alle benutzten Küchenutensilien

gründlich mit heißem Wasser ab und waschen Sie Ihre Hände.

- Lassen Sie Tau- oder Abwaschwasser von Geflügel nie an andere Speisen gelangen.
- Essen Sie Geflügelfleisch niemals roh.

Wie viel braucht der Mensch?

Hier sehen Sie auf einen Blick, wie viele Portionen welche Geflügelart ergibt:
Hähnchen (ca. 1 kg): 2–3 Portionen
Pute (ca. 2,5 kg): 5–6 Portionen
Ente (ca. 2 kg): 4–6 Portionen
Gans (ca. 4 kg): 6–8 Portionen

Die Zeiten, in denen man sich bei Tisch um das beste Geflügelstück streiten musste, sind vorbei! Denn heute müssen Sie nicht unbedingt ganze Vögel kaufen. Es ist kein Problem, Teilstücke von Huhn & Co. zu erhalten. Ob es nun Flügelchen, Schenkel oder ein zerteiltes Huhn sein soll: Jeder bekommt seinen Wunsch erfüllt.

Warum stahl der Fuchs die Gans?

Natürlich wusste er, was er da Gutes zwischen den Zähnen hatte. Geflügelfleisch ist ein sehr wertvolles und gut bekömmliches Lebensmittel! Es liefert hochwertiges Eiweiß, B-Vitamine, dazu die Mineralstoffe Calcium, Magnesium und Eisen. Hähnchen und Pute liegen mit ihrem fettarmen Fleisch voll im Trend. Putenbrust enthält nur 1 % Fett und eignet sich daher sehr gut für eine kalorienbewusste Ernährung. Doch auch die beiden fettreicheren Sorten, Ente und Gans, sind keinesfalls zu verachten, denn der Anteil an gesunden ungesättigten Fettsäuren ist bei ihnen recht hoch.

Das ist uns wichtig

Frei laufende Hühner gibt es bei uns nur noch auf Höfen, die nach kontrolliert biologischen Richtlinien wirtschaften. Nicht nur das Wohlergehen, sondern auch die Fleischqualität solcher artgerecht gehaltenen Tiere ist besser. Die Tiere picken hochwertiges Futter; durch den Auslauf ist das Fleisch fester, muskulöser und enthält weniger Fett. Da die Vögel mehr Platz haben, ist das Risiko einer Salomelleninfektion kleiner. Somit tun Sie sich und Ihrer Familie durchaus etwas Gutes, wenn Sie Geflügel vom Biobauernhof kaufen.

Viel Spaß beim Kochen!

Wie Sie nun aus jedem Stück Geflügel etwas Feines zaubern können, erfahren Sie auf den nächsten Seiten! Lassen Sie sich verführen, und suchen Sie sich das Leckerste aus! Wir wünschen Ihnen viel Spaß beim Kochen und einen guten Appetit!

Mit diesen Zutaten gelingt das Suppenhuhn bestimmt.

So schmeckt's Kindern

Das schmeckt aber gut!", welche Eltern würden diesen Satz nicht gerne jeden Tag von ihren kleinen Tischgenossen hören? Natürlich möchten Sie Ihre Kinder nicht nur satt machen, das Essen soll ihnen auch schmecken – und natürlich gesund sein. Dies alles gleichzeitig zu erfüllen ist nicht einfach, umso mehr, als der familiäre Essensfahrplan immer wieder durch Einflüsse von außen durcheinander gebracht wird: etwa durch die Werbung, die mal wieder den neuesten „supergesunden" süßen Kindersnack anpreist, oder die anderen Kinder in Spielgruppe, Kindergarten und Schule, die „immer die kleinen Kinderjoghurts dabeihaben" oder die Geld von zu

Hause mitbekommen und „sich kaufen können, was sie wollen". Es ist nicht leicht, dabei mit dem eigenen Familien-Essenskonzept konsequent zu bleiben – bemühen Sie sich, einen Mittelweg zu finden, und versuchen Sie, Ihren Kindern eine gesunde Mischkost, d. h. von allem etwas, anzubieten – Obst, Gemüse, Nudeln, Reis, Kartoffeln, Brot, Fleisch, Fisch, Milch und Milchprodukte, ab und zu ein paar Nüsse. Und das alles in immer wieder neuen Kombinationen, mal kalt, mal warm, roh und gekocht, süß und salzig. So erfahren Ihre Kinder sozusagen automatisch beim Essen etwas über vielseitige, leckere und gleichzeitig gesunde Ernährung.

Gemeinsam kochen macht Spaß!

Wir haben uns für Sie viele Rezepte ausgedacht, die Sie gemeinsam mit den kleinen Meisterköchen zubereiten können. Sie werden dazu auch in diesem Band der „Familienküche" wieder viele Tipps finden, wie Sie sich von Ihren Lieben in der Küche helfen lassen können. Kinder an der Zubereitung von Lebensmitteln zu beteiligen erfordert allerdings neben einer gehörigen Portion Geduld vor allem Zeit. Planen Sie also genügend Zeit für das Vorbereiten und auch das Kochen selbst ein.
Vielleicht machen Sie sich Sorgen, dass sich Ihre kleinen Meisterköche bei der Küchenarbeit verbrennen, schneiden oder sonst irgendwie wehtun könnten. Aber das sollten Sie Ihre Kinder auf keinen Fall merken lassen. Passen Sie einfach ganz nebenbei auf, und lassen Sie die Kinder vor allem nie alleine in der Küche. So werden sie den Umgang mit Lebensmitteln ganz selbstverständlich und rasch lernen. Lassen Sie Ihre Kinder jedoch nie zu bloßen Handlangern werden, sonst könnten sie die Lust am Helfen verlieren. Geben Sie ihnen Verantwortung, z. B. beim alleinigen Broteinkauf, beim Belegen der Pizza oder beim Spülen und Abtrocknen, denn auch Letzteres gehört dazu!

Gesund und lecker: Geflügelfleisch

Kinder machen sich von sich aus keine Gedanken, ob sie sich gesund oder ungesund ernähren. Das ist dem Menschen nicht angeboren – einfach deshalb, weil es in Urzeiten keine „ungesunde" Ernährung gab, die von „gesunder" unterschieden werden musste. Damals stand nur eine einzige und damit richtige Form der

Nahrung zur Verfügung: diejenige, die man selbst im eigenen Umfeld sammeln, anbauen oder jagen konnte. Das heißt, wir müssen heute, wo uns nahezu alle Arten von Nahrungsmitteln jederzeit zur Verfügung stehen, lernen, welches Nahrungsmittel, welche Art der Ernährung gut für uns ist und welche weniger. Am einfachsten wird dieses Wissen bereits den Kindern über die täglichen Mahlzeiten im Familienkreis vermittelt. Eine abwechslungsreiche Mischkost ist hierbei wiederum das A und O. Da Sie hier ein Geflügelbuch in Händen halten, sollen ein paar Informationen zum gesundheitlichen Wert von Geflügelfleisch nicht fehlen: Mit unseren Geflügelrezepten haben Sie die Möglichkeit, leicht verdauliche, kalorienarme Gerichte zu kochen. Denn Geflügelfleisch enthält wenig Fett und liefert viel Eiweiß, das vom Körper gut verwertet werden kann. Das liegt daran, dass es reich an essenziellen Aminosäuren ist, also an lebensnotwendigen Eiweißbausteinen. Auch der Vitamin- und Mineralstoffgehalt von Geflügelfleisch ist nicht zu unterschätzen! Die vielen B-Vitamine sind gut für Haut, Haar und für das psychische Wohlbefinden. Geflügel enthält zudem – wichtig für Knochen und Zähne – viel Calcium; außerdem Magnesium, das vor Muskelkrämpfen schützt, und Eisen, welches für den Sauerstofftransport im Blut sorgt. Das ist sehr wichtig für Kinder, die aufgrund ihres Wachstums einen regen Stoffwechsel haben und zudem viel herumtollen, Sport treiben und auch sonst immer irgendwie in Bewegung sind.

Wenn Salz, dann Jodsalz!

Sie sollten sich dazu entschließen, nur Jodsalz zu verwenden. Denn besonders Kinder sprechen auf eine verbesserte Jodversorgung an. Jod ist ein Bestandteil der lebenswichtigen Schilddrüsenhormone. Alle Bausteine hierfür stellt die Schilddrüse selbst her – außer Jod. Steht der Schilddrüse zu wenig Jod zur Verfügung, versucht sie diesen Mangel durch eine verstärkte Bildung von Schilddrüsengewebe auszugleichen: Es entsteht ein Kropf! Bei Kindern und Jugendlichen äußert sich Jodmangel zudem in Form von Müdigkeit und Antriebsschwäche sowie Lern- und Merkschwierigkeiten. Bei anhaltendem Jodmangel kann es zu Entwicklungsstörungen und sogar Arteriosklerose kommen. Lebensmittel enthalten – außer Seefisch und Meeresfrüchten – nur wenig Jod. Nehmen Sie dagegen Jodsalz, erhöhen Sie auf natürliche Weise den Jodgehalt in den Speisen, sodass die Schilddrüse genug Hormone bilden kann.

Kinder-Tipps

- Schulkinder, die das Trinken in der Pause leicht vergessen, bekommen eine lustige Trinkflasche, die sie gern ab und zu hervorziehen.
- Die Lust auf Süßes ist ganz natürlich. Aber welche Art von süß und wie viel, das können Sie gut beeinflussen.
- Spezielle Kinderlebensmittel sind überflüssig und gehen ins Geld. Kinder brauchen keine Extrawurst.

Gut zu wissen

- Das Frühstück ist wichtig, weil es die Kohlenhydratspeicher wieder füllt – gut für Tatkraft und Konzentration.
- Alkoholika im gekochten Essen machen zwar nicht unbedingt beschwipst, haben aber in Gerichten für Kinder nichts zu suchen.
- Eine warme Mahlzeit am Tag – durchaus kein Muss, aber eine Bereicherung des Speisezettels (manche Nahrungsmittel, z. B. Hülsenfrüchte, können nur gegart verzehrt werden).

Salate und Suppen

Zubereitungszeit
35 Min.
Kosten
preiswert
Kalorien/Portion
ca. 290 kcal

Zutaten
für 4 Personen

- 250 g Hähnchenbrustfilet
- etwas Salz
- etwas Pfeffer aus der Mühle
- 2 EL Butter
- 2 kleine Zucchini
- 200 g Cocktailtomaten
- 8 Blätter Eisbergsalat
- 1 kleine Dose Mais
- 3 EL Sonnenblumenkerne
- 150 g Joghurt
- 1 EL Sonnenblumenöl
- Saft von 1/2–1 Zitrone
- etwas Zucker
- 3 Zweige frischer Thymian

Salat mit Hähnchenstreifen und Sonnenblumenkernen

Fleisch braten

1 Die Hähnchenbrustfilets rundum mit Salz und Pfeffer einreiben. Die Butter in einer Pfanne zerlassen, das Fleisch darin auf allen Seiten knusprig braun braten und dann auskühlen lassen.

Salatzutaten vorbereiten

2 Zucchini, Tomaten und Eisbergsalat waschen und putzen. Die Zucchini grob raspeln. Die Tomaten halbieren oder vierteln. Die Salatblätter grob zerzupfen. Den Mais abtropfen lassen und mit dem restlichen Gemüse in einer großen Schüssel gründlich vermengen.

Salat fertig stellen

3 Die Filets in dünne Scheiben schneiden. Die Sonnenblumenkerne in einer Pfanne bei mittlerer Hitze ohne Fettzugabe goldbraun rösten. Beides unter das Gemüse mischen.

4 Aus Joghurt, Öl, Zitronensaft, Salz, Pfeffer und Zucker eine Marinade rühren. Den Thymian waschen, trockentupfen, die Blättchen von den Stielen zupfen und nach Belieben hacken. Dressing und Kräuter unter den Salat heben und den Salat servieren.

FamilienTipps

■ Für Kinder **Dieser Salat ist genau das Richtige für Ihre heranwachsenden Kids. Das Gemüse versorgt sie mit Vitaminen, und das fettarme Fleisch liefert hochwertiges Eiweiß, zusätzliche Vitamine und besonders viel Eisen.**

■ Variation **Wenn Ihre Familie den Geschmack des scharf-würzigen Rucola mag, ersetzen Sie die Zucchini durch 1 Bund Rucolablätter. Rucola sollten Sie noch am Einkaufstag verarbeiten, da er sehr schnell welk wird.**

■ Für Gäste **Eine würzige Variante für ein Gästeessen: Das Dressing mit etwas durchgepresstem Knoblauch verfeinern und zum Schluss zerkrümelten Ziegenfrischkäse auf den Salat geben; mit Thymianblättchen garnieren.**

Zubereitungszeit
45 Min.
Kosten
etwas teurer
Kalorien/Portion
ca. 590 kcal

Zutaten
für 4 Personen

- 350 g Zwetschen
- 1 Kopf Eichblattsalat
- 1 rote Zwiebel
- 4 Frühlingszwiebeln
- 1 Entenbrustfilet (etwa 350 g)
- etwas Salz
- etwas schwarzer Pfeffer aus der Mühle
- 300 g Vollmilchjoghurt
- 3–4 EL weißer Balsamessig
- etwas Zucker
- 50 g Walnusskerne
- 1 türkisches Fladenbrot

Salat mit gebratener Entenbrust

Zwetschen würfeln

1 Die Zwetschen waschen, halbieren und Kerne entfernen. Jede Hälfte in 4 Teile schneiden.

2 Den Salat putzen, waschen und trockenschütteln. Die Blätter in mundgerechte Stücke zupfen und auf eine Platte geben. Die Zwetschen auf den Blättern verteilen.

Zwiebeln in Ringe schneiden

3 Die rote Zwiebel schälen und sehr fein würfeln. Die Frühlingszwiebeln putzen, waschen, in feine Ringe schneiden, beides auf den Salat geben.

Entenbrust braten

4 Das Filet abspülen und trockentupfen. Die Haut der Entenbrust ablösen und dann quer in dünne Streifen schneiden.

5 Die Hautstreifen in einer Pfanne ohne Fett knusprig ausbraten und auf Küchenkrepp abtropfen lassen.

6 Das Fleisch salzen und pfeffern und im heißen Entenfett bei mittlerer Hitze auf jeder Seite etwa 7 Minuten braten. Das Fleisch herausnehmen, fest in Alufolie wickeln und etwa 10 Minuten ruhen lassen. Bratensaft aufheben.

Salatsauce zubereiten

7 Joghurt, Balsamessig sowie Zwiebelwürfel verrühren und alles mit Salz, Pfeffer und 1 Prise Zucker abschmecken. Den Bratensaft unterrühren und die Walnusskerne grob hacken.

Entenbrust aufschneiden

8 Die Entenbrust aus der Alufolie nehmen und quer in dünne Scheiben schneiden. Die Scheiben auf den Salat geben.

9 Die Walnusskerne über die Entenbrust streuen. Die Salatsauce über den Salat geben, mit der knusprigen Entenhaut bestreuen und sofort servieren. Das Fladenbrot dazureichen.

FamilienTipps

Für Kinder Lassen Sie die kleinen Küchenhelfer den Salat auf 4 Tellern anrichten. So wird der Salat gerecht verteilt!

Variation Statt Zwetschen passen hier auch blaue Weintrauben. Lassen Sie diese 30 Minuten im warmen Wasser ruhen, so löst sich Schmutz am besten. Dann kalt abspülen, abtropfen lassen, halbieren und entkernen.

Profitipp Geben Sie die gewaschene und trockengetupfte Entenbrust für 30 Minuten ins Gefriergerät. Danach lässt sich die Entenhaut besonders leicht abziehen.

Zubereitungszeit
50 Min.
Kosten
preiswert
Kalorien/Portion
ca. 780 kcal

Zutaten
für 4 Personen

- 200 g grüne Bandnudeln
- etwas Salz
- 1 reife Mango
- 200 ml Joghurt-Salat-Creme (Fertigprodukt, alternativ je 100 g Salatmajonnaise und Joghurt, verrührt)
- Saft von 1 Zitrone
- etwas Pfeffer aus der Mühle
- 2 Chicoréestauden
- 4 Hähnchenfilets (je etwa 125 g)
- 1 EL Mehl
- 1 frisches Ei
- 100 g helle Sesamsamen
- 3 EL Butter
- 1 kleines Bd. Schnittlauch

Grüner Nudelsalat mit Sesamhuhn und Mango

Nudeln kochen

1 Die Nudeln in reichlich Salzwasser nach Packungsanweisung bissfest kochen, kalt abschrecken und abtropfen lassen.

Dressing zubereiten

2 Die Mango schälen, das Fruchtfleisch längs in etwa 1 cm dicke Streifen schneiden und vom Stein lösen. Die großen Scheiben längs in dünne Streifen schneiden und für den Salat beiseite legen. Den Rest des Mangofruchtfleischs klein schneiden und mit der Joghurt-Salat-Creme und dem Zitronensaft mit dem Mixstab pürieren. Das Dressing salzen und pfeffern.

Salat zubereiten

3 Den Chicorée in einzelne Blätter teilen, waschen, trockenschütteln und 4 Teller halbkreisförmig mit Blättern belegen. Die restlichen Blätter quer in Streifen schneiden. Die Nudeln mit dem Dressing vermischen und auf den Tellern verteilen.

Hähnchenfilets braten

4 Die Hähnchenfilets salzen und pfeffern. Nun im Mehl, dann im verquirlten Ei und danach im Sesam wenden. Die Fleischstücke in der Butter bei mittlerer Hitze von jeder Seite 5–6 Minuten braten, aus der Pfanne nehmen, etwas abkühlen lassen und in schmale Scheiben schneiden.

Salat anrichten

5 Den Schnittlauch waschen, trockentupfen und in Röllchen schneiden. Einen Teil mit den Mango- und Chicoréestreifen vermischen und auf die Nudeln geben. Die Filetstreifen darauf anrichten. Mit dem restlichen Schnittlauch bestreut servieren.

FamilienTipps

■ Für Kinder **Kinder mögen den bitteren Geschmack von Chicorée meist nicht, sodass Sie die Chicoréestreifen im Nudelsalat eventuell durch Streifen von Endiviensalat oder Eissalat ersetzen sollten.**

■ Profitipp **Wenn Sie das Fleisch statt in normalem Mehl in Paniermehl wenden, bekommen Sie eine wunderbar knusprige Kruste.**

■ Für Gäste **Diesen Salat können Sie Ihren Gästen als ersten Gang (dann kleinere Mengen portionieren) oder als sättigende Hauptmahlzeit servieren. Dazu passt ein leichter, trockener Weißwein oder ein kühles Pils.**

Hähnchensalat im Tortillabrot

Zubereitungszeit
30 Min.
Kosten
preiswert
Kalorien/Portion
ca. 370 kcal

Zutaten
für 4 Personen

- ½ Salatgurke
- 1 Knoblauchzehe
- 200 g Joghurt
- 1–2 EL Zitronensaft
- etwas Salz
- etwas weißer Pfeffer aus der Mühle
- 1 rote Zwiebel
- 500 g Hähnchenbrustfilet ohne Haut
- 2 EL Öl
- ¼–½ TL gem. Kreuzkümmel (Kumin)
- 1 Bd. Rauke
- 200 g Cocktailtomaten
- 100 g schwarze Oliven
- 4 Weizenmehl-Tortillas (siehe Einkaufstipp)

Joghurtsauce zubereiten

1 Die Gurke schälen, längs halbieren und die Kerne herauslöffeln. Die Gurken auf der groben Seite der Rohkostreibe raspeln. Den Knoblauch schälen.

2 Joghurt und Gurkenraspel verrühren und den Knoblauch dazupressen. Alles mit Zitronensaft, Salz und Pfeffer abschmecken.

Hähnchenbrust braten

3 Die Zwiebel abziehen und würfeln. Das Hähnchenfleisch kalt abspülen, trockentupfen und ebenfalls würfeln.

4 Das Öl erhitzen und die Zwiebelwürfel darin unter Rühren anbraten. Die Hähnchenbrust zugeben und unter Rühren anbraten. Alles mit Salz, Pfeffer und Kreuzkümmel würzen und unter gelegentlichem Wenden bei mittlerer Hitze etwa 5 Minuten braten.

Salat vorbereiten

5 Die Rauke putzen, waschen, trockenschütteln und in mundgerechte Stücke zupfen.

6 Die Cocktailtomaten waschen und vierteln. Die Oliven vom Stein schneiden. Rauke, Tomaten und Oliven mischen.

Tortillas erwärmen und füllen (siehe unten)

7 Die Tortillas nach Packungsanweisung erwärmen. Jeweils etwa 2–3 EL Joghurtsauce auf einen Fladen geben. Darauf einen Teil der Rauke-Tomaten-Mischung geben. Anschließend die gebratene Hähnchenbrust darauf verteilen. Die Tortillas zusammenrollen, mit einem Hölzchen zusammenstecken und sofort servieren. Die restliche Joghurtsauce extra reichen. Die restliche Rauke-Tomaten-Mischung neben den Tortillas arrangieren.

Tortillas füllen

Die Joghurtsauce auf dem Teigfladen verteilen, dabei einen etwa 2 cm breiten Rand frei lassen.

Die Raukemischung und das Hähnchenfleisch auf den Joghurt geben. Den unteren Teigrand auf die Füllung klappen.

Nun die Tortilla von einer Seite zur anderen zu einer oben offenen Tüte rollen. Mit einem Hölzchen zusammenstecken.

FamilienTipps

■ Für Kinder **Dieses Gericht ist für kleine Kinder schwierig zu essen. Geben Sie deshalb den Rauke-Tomaten-Salat und das Hähnchen auf einen Teller. Schneiden Sie die Tortilla dann in Viertel und geben Sie etwas Joghurtsauce darauf. Die Tortillaviertel zum Salat reichen.**

■ Variation **Wenn Sie keine Tortillas bekommen, können Sie den Hähnchensalat auch in Pitabrote füllen. Diese nach Packungsanweisung vorbereiten.**

■ Einkaufstipp **Weizenmehltortillas finden Sie in mexikanischen, manchmal auch in türkischen Geschäften. Kaufen Sie keine Maistortillas, sie sind zu knusprig, um sie aufzurollen.**

Zubereitungszeit
45 Min.
Kosten
preiswert
Kalorien/Portion
ca. 440 kcal

Zutaten
für 4 Personen

Für den Salat

- 500 ml Geflügelbrühe (Instant)
- 6 Nelken
- 1 Zimtstange
- 150 g Bulgur (siehe Einkaufstipp)
- 2 Putenschnitzel je etwa 200 g
- 1 Bd. Frühlingszwiebeln
- 300 g Tomaten
- 150 g Brunnenkresse
- 1 Granatapfel
- 2–3 EL Olivenöl

Für die Joghurtsauce

- 1 Zitrone
- 250 g Joghurt
- 1/2 TL gem. Kreuzkümmel
- etwas Salz
- etwas schwarzer Pfeffer aus der Mühle
- 3 EL Olivenöl

Bulgursalat mit gebratenen Putenbruststreifen

Bulgur garen

1 Brühe, Nelken und Zimtstange aufkochen. Bulgur zugeben und zugedeckt bei schwacher Hitze etwa 15 Minuten quellen lassen.

Putenschnitzel klein schneiden

2 Die Schnitzel kalt abspülen, trockentupfen und längs halbieren. Die Hälften quer in etwa fingerdicke Streifen schneiden. Zugedeckt beiseite stellen.

3 Den Bulgur auf einem Sieb abtropfen und abkühlen lassen. Zimtstange und Nelken entfernen.

Gemüse vorbereiten

4 Die Frühlingszwiebeln putzen, waschen und in Ringe schneiden. Die Tomaten waschen und achteln oder würfeln.

5 Die Brunnenkresse waschen, trockentupfen und die Blättchen abzupfen.

6 Den Granatapfel quer halbieren und die Kerne herauslösen (siehe S. 84).

Salatsauce zubereiten

7 Die Zitrone auspressen. Joghurt und Kreuzkümmel verrühren, salzen und pfeffern. Mit Zitronensaft abschmecken und das Olivenöl unterrühren.

Putenstreifen braten

8 Das Öl erhitzen und die Putenstreifen unter Wenden etwa 6 Minuten kräftig braten. Die Putenstreifen salzen und pfeffern.

Salat anrichten

9 Die Brunnenkresse auf einer großen Platte oder 4 Tellern verteilen. Bulgur, Tomaten und Frühlingszwiebeln darauf geben. Die Salatsauce über den Salat geben und alles mit Granatapfelkernen bestreuen. Die Putenstreifen darauf geben und sofort servieren.

FamilienTipps

Für Kinder Das Auslösen der Granatapfelkerne können Sie ruhig Ihren Kindern überlassen! Aber Vorsicht, hierbei kann es kräftig spritzen. Binden Sie den kleinen Köchen lieber ein Geschirrtuch oder eine Schürze um.

Einkaufstipp Bulgur ist vorgekochter, getrockneter und geschroteter Hartweizen. Sie erhalten ihn im Naturkostladen, im Reformhaus oder in türkischen Lebensmittelgeschäften.

Variationen Wenn Sie keine Brunnenkresse bekommen, verwenden Sie stattdessen Rauke. Für ein Gästeessen können Sie diesen Salat auch mit gebratener Entenbrust zubereiten.

Zubereitungszeit
45 Min.
Kosten
preiswert
Kalorien/Portion
ca. 530 kcal

Zutaten
für 4 Personen

- 500 g Hähnchenbrustfilet
- etwas Salz
- etwas weißer Pfeffer aus der Mühle
- 1,2 l Geflügelbrühe (Instant)
- 500 g Brokkoli
- 1 Stange Lauch (etwa 150 g)
- 250 g Gabelspaghetti
- 200 g Cocktailtomaten
- 1 Bd. Schnittlauch
- 3 EL Zitronensaft
- 4 frische Eigelbe

Schnelle Hühnersuppe mit Nudeln

Hähnchenbrustfilet garen

1 Das Hähnchenbrustfilet trockentupfen und mit Salz und Pfeffer würzen. Etwa 100 ml von der Geflügelbrühe kurz aufkochen lassen. Das Filet in die Brühe geben und bei schwacher Hitze etwa 10 Minuten zugedeckt gar ziehen lassen.

Brokkoli und Lauch putzen

2 Inzwischen den Brokkoli putzen und in kleine Röschen teilen, die Stängel schälen und würfeln.

3 Den Lauch putzen, waschen, längs halbieren und in etwa ½ cm dicke Scheiben schneiden.

Suppe kochen

4 Die restliche Geflügelbrühe aufkochen lassen. Brokkoli, Lauch und Gabelspaghetti zugeben. Alles aufkochen und zugedeckt bei schwacher Hitze etwa 8 Minuten köcheln lassen.

5 Die Cocktailtomaten waschen und quer halbieren oder vierteln. Das Hähnchenbrustfilet würfeln.

Schnittlauch in Röllchen schneiden

6 Den Schnittlauch waschen, trockentupfen und in Röllchen schneiden.

Suppe fertig stellen

7 Die Tomaten und das Fleisch in der Suppe erhitzen. Die Suppe dann mit Zitronensaft, Salz und frisch gemahlenem Pfeffer abschmecken.

8 Die Suppe auf Teller verteilen und je 1 Eigelb in die Mitte setzen. Die Suppe mit Schnittlauch bestreuen und sofort servieren.

FamilienTipps

■ Für Kinder **Das ist eine Suppe nach Kindergeschmack! Servieren Sie sie an einem Geburtstag und basteln Sie aus Buchstabennudeln Namenskärtchen. Die restlichen Buchstabennudeln für die Suppe nehmen!**

■ Einkaufstipp **Kaufen Sie die doppelte Menge Hähnchenbrustfilet. Garen Sie diese gleich mit und bereiten Sie daraus z. B. Hähnchenfrikadellen (siehe S. 90). Oder Sie verwenden das Filet geschnitten als Brotbelag.**

■ Wochenendtipp **Eine schnell vorbereitete Suppe! Bereiten Sie sie zunächst ohne Nudeln zu. Diese geben Sie frisch gekocht bei Bedarf hinzu, denn sonst quellen die Nudeln zu sehr auf.**

Zubereitungszeit
45 Min.
Kosten
preiswert
Kalorien/Portion
ca. 370 kcal

Geflügelcremesuppe mit Erdnussaroma

Zutaten
für 4 Personen

- 300 g Hähnchenbrustfilet
- 2 Schalotten
- 1 EL Öl
- 1 Banane
- etwas Salz
- etwas schwarzer Pfeffer aus der Mühle
- 1 EL Mehl
- 1/2 l Geflügelbrühe (Instant)
- 2 EL ungesüßte Erdnussbutter aus dem Glas (siehe Familientipps)
- 4 Frühlingszwiebeln
- 2 Möhren
- 300 g TK-Erbsen
- 3 EL geröstete Erdnüsse
- 4 EL Crème fraîche
- einige Blättchen Koriandergrün

Fleisch braten

1 Das Filet kalt abwaschen, trockentupfen und in mundgerechte Würfel schneiden. Die Schalotten schälen und fein hacken.

2 Das Öl in einem Topf erhitzen und das Fleisch darin von allen Seiten unter Wenden hellbraun anbraten. Die Schalotten hinzufügen und kurz mitbraten.

Suppe garen

3 Die Banane schälen, in Scheiben schneiden und zum Fleisch geben. Alles salzen und pfeffern, das Mehl darauf geben und unterrühren; kurz weiterdünsten. Die Brühe angießen, die Erdnussbutter einrühren und in der Flüssigkeit vollständig auflösen. Die Suppe zugedeckt bei milder Hitze etwa 15 Minuten köcheln lassen.

4 Inzwischen die Frühlingszwiebeln putzen, waschen und in feine Ringe schneiden. Die Möhren schälen und in Juliennestreifen (siehe unten) schneiden. Zwiebeln und Möhren mit den gefrorenen Erbsen zur Suppe geben und diese nochmals etwa 7 Minuten garen.

Suppe servieren

5 Die Erdnüsse hacken. Die Suppe in 4 tiefe, vorgewärmte Teller geben. Auf jede Portion 1 EL Crème fraîche setzen, mit den gehackten Erdnüssen bestreuen und mit Korianderblättchen garnieren.

Möhren in Juliennestreifen schneiden

Die Möhren schälen und mit einem Längsschnitt jeweils ein schmales Stück abschneiden, damit eine flache Auflagefläche entsteht.

Die Möhren quer in etwa 5 cm lange Stücke, dann diese längs in dünne Scheiben schneiden.

Die Scheiben aufeinander legen und der Länge nach in dünne Streifen schneiden. Dabei die Messerspitze beim Schneiden nicht von der Arbeitsfläche heben.

FamilienTipps

■ **Für Kinder** Wo kommen wohl die Erbsen her? Wenn es im Sommer frische Erbsenschoten gibt, palen Sie die grünen Kügelchen doch einmal gemeinsam mit Ihren Kindern aus. Kleinere Kinder, die noch nicht so geschickte Finger haben, können die Banane klein schneiden.

■ **Profitipp** Ob Sie gesalzene oder ungesalzene Erdnussbutter nehmen, spielt keine Rolle. Sie müssen dies aber beim Abschmecken mit Salz beachten. Auf keinen Fall sollten Sie gesüßte Erdnussbutter nehmen, da diese geschmacklich nicht zur Suppe passt.

■ **Einkaufstipp** Erdnussbutter wird im Handel in 200- oder sogar 500-g-Gläsern angeboten. Sie können bedenkenlos auch ein großes Glas kaufen, denn Erdnussbutter ist gut haltbar und mit ihr lassen sich schnell verschiedene cremige Saucen mit exotischem Flair zaubern.

Zubereitungszeit
45 Min.
Kosten
etwas teurer
Kalorien/Portion
ca. 490 kcal

Zutaten
für 4 Personen

- 175 g Jasminreis
- etwas Salz
- 500 g Hähnchenbrustfilet (ohne Haut)
- 25 g frische Ingwerwurzel
- 1 Stängel Zitronengras (siehe Einkaufstipp S. 42)
- 4 Zitronenblätter
- 2 Chilischoten
- 1 Dose Kokosmilch (Füllmenge 400 g)
- 1 Bd. Koriandergrün
- 3–4 EL Fischsauce (Asienladen)
- 2–3 EL Limettensaft

Thailändische Hühnersuppe mit Reis

Reis kochen

1 Zuerst den Jasminreis nach Packungsanweisung in Salzwasser kochen.

Hähnchenbrustfilet klein schneiden

2 Das Filet kalt abspülen, trockentupfen und in dünne Scheiben schneiden. Die Scheiben in einen Wok oder großen Topf geben.

Suppenzutaten vorbereiten

3 Den Ingwer dünn schälen, hacken und auf das Hähnchenfleisch geben.

4 Das Zitronengras und die Zitronenblätter waschen. Den Zitronengrasstängel in feine, dünne Ringe schneiden, die Zitronenblätter aufeinander legen und zusammenrollen. Die Rolle quer in feine Streifen schneiden. Gras und Blätter in den Wok auf das Fleisch geben.

5 Die Chilischoten waschen, längs halbieren und entkernen. Wenn man nicht mit Haushaltshandschuhen arbeitet, danach sofort die Hände waschen. Die Chilischoten ebenfalls in den Wok geben.

Suppe kochen

6 Die Kokosmilch mit 250 ml Wasser verrühren und in den Wok geben. Die Suppe zugedeckt aufkochen und bei schwacher Hitze etwa 10 Minuten gerade eben kochen lassen.

7 Inzwischen das Koriandergrün waschen und hacken. Die Chilischoten aus der Suppe nehmen und die Suppe mit Fischsauce und Limettensaft abschmecken. Mit Koriandergrün bestreut servieren. Nach Belieben mit einem Korianderzweig garnieren.

FamilienTipps

Für Kinder Kinder beißen nicht gern auf die leicht harten Zitronengrasstücke. Geben Sie es (und evtl. auch die Blattstreifen) in einen Teebeutel. Mit Küchengarn verschließen und nach dem Garen aus der Suppe nehmen.

Einkaufstipp Wenn Sie Koriander im Asienladen kaufen, hat er meist noch Wurzeln. Diese können Sie verwenden: Wurzeln gründlich waschen hacken und mit dem Ingwer in den Wok geben.

Für Gäste Diese Suppe eignet sich prima als Vorspeise für ein fernöstliches Menü. Wenn keine Kinder mitessen, können Sie die entkernten Chilischoten fein würfeln und in der Suppe lassen.

Zubereitungszeit
40 Min.
Kosten
preiswert
Kalorien/Portion
ca. 370 kcal

Zutaten
für 4 Personen

- 4 Putenschnitzel (je etwa 125 g)
- 1 ½ Salatgurken (etwa 500 g)
- 1 Gemüsezwiebel
- 6 EL Speiseöl
- 1 EL mildes Currypulver
- 2 EL helle Sesamsamen
- ½ l Gemüsebrühe (Instant)
- 1 EL Sojasauce
- 1 EL brauner Zucker
- etwas Salz
- etwas Pfeffer aus der Mühle
- 1 unbehandelte Limette
- einige Zweige frische Minze (siehe Einkaufstipp)

Gurkeneintopf mit Putenfleisch

Zutaten vorbereiten

1 Die Schnitzel kalt abspülen, trockentupfen und quer in dünne Streifen schneiden. Die Gurken schälen und längs halbieren. Die Kerne mit einem Löffel herausschaben. Das Fruchtfleisch quer in 2 cm dicke Scheiben schneiden. Die Zwiebel schälen und hacken.

Eintopf garen

2 In einem Topf 4 EL Öl erhitzen. Die gehackte Zwiebel hineingeben und unter ständigem Wenden etwa 10 Minuten braten, bis sie leicht gebräunt ist. Currypulver und Sesamsamen kurz mitbraten.

3 Die Gurkenscheiben hinzufügen. Alles mit der Gemüsebrühe aufgießen, aufkochen lassen und mit Sojasauce, Zucker, Salz und Pfeffer würzen. Alles gut verrühren und bei milder Hitze etwa 10 Minuten köcheln lassen.

Fleisch braten

4 Inzwischen in einer Pfanne das restliche Öl erhitzen und das Fleisch darin bei starker Hitze von allen Seiten goldbraun braten.

Eintopf fertig stellen

5 Die Limette waschen, trockenreiben, die Schale abreiben und die Frucht auspressen. Schale und Saft mit dem gebratenen Putenfleisch in die Suppe geben.

6 Die Minze waschen, trockentupfen und einige schöne Blättchen beiseite legen. Den Rest in feine Streifen schneiden und in die Suppe rühren. Die Suppe erneut abschmecken, in Terrinen füllen und mit den Minzeblättchen garnieren.

FamilienTipps

■ **Für Kinder** **Hier können Ihre Kinder unter Anleitung und Aufsicht beim Zerschneiden der Gurke helfen. Älteren Kindern sollten Sie ruhig auch das Schälen der Gurke mit einem Sparschäler überlassen.**

■ **Einkaufstipp** **Man unterscheidet für den Küchengebrauch vor allem die Ährenminze und die Pfefferminze. Die Pfefferminze schmeckt scharf-würzig (sparsam dosieren), während die Ährenminze zwar aromatisch nach Pfefferminz, aber weniger beißend schmeckt. Pfefferminze hat große dunkelgrüne Blätter mit rötlich brauner Unterseite, die Ährenminze ist grasgrün, mit gezackten Blättern.**

Zubereitungszeit
1 Std.
Kosten
preiswert
Kalorien/Portion
ca. 330 kcal

Hähncheneintopf mit Mango

Zutaten
für 4 Personen

- 2 Stangen Staudensellerie
- 2 kleine Stangen Lauch
- 100 g Champignons
- 150 g Hähnchenbrustfilet
- 1 EL Speiseöl
- etwas scharfes Currypulver
- 1/2 l Geflügelbrühe (Instant)
- 125 g Reis & Korn (Fertigprodukt; alternativ Naturreis)
- 1/2 Mango
- 1 EL Zitronensaft
- etwas Salz
- etwas schwarzer Pfeffer aus der Mühle
- 100 g Crème double (alternativ Sahne)

Gemüse vorbereiten

1 Den Staudensellerie und den Lauch putzen und waschen. Den Sellerie in feine Scheiben schneiden. Vom Lauch die weißen und grünen Teile getrennt in Ringe schneiden. Die Pilze mit Küchenkrepp abreiben, putzen und blättrig schneiden.

Fleisch vorgaren

2 Das Filet kalt abspülen, trockentupfen und quer in feine Streifen schneiden. Das Öl in einem Topf erhitzen und die weißen Lauchringe darin kurz unter Wenden anbraten. Das Fleisch zugeben und bei starker Hitze unter Rühren goldbraun braten. Das Currypulver einstreuen und kurz mitbraten.

Eintopf garen

3 Die Brühe angießen, die Reis-Korn-Mischung bzw. den Naturreis einrühren, den Deckel schließen und dann alles etwa 15 Minuten bei milder Hitze köcheln lassen.

4 Gemüse und Pilze zufügen, unterrühren und den Eintopf weitere 10 Minuten garen.

5 Inzwischen die Mango schälen. Das Fruchtfleisch mit einem scharfen Messer vom Kern lösen und in Würfel schneiden. In den Eintopf geben und darin in etwa 5 Minuten, während der Eintopf leise kocht, heiß werden lassen.

Eintopf servieren

6 Den Eintopf mit Zitronensaft, Salz und Pfeffer abschmecken. Die Crème double oder die Sahne leicht schlagen und in den Eintopf rühren. Alternativ den Eintopf in Terrinen schöpfen und mit jeweils einem Klecks Sahne servieren.

FamilienTipps

■ Für Kinder **Mangos sehen Ihre Kinder sicher nicht jeden Tag. Lassen Sie die Kids das Fruchtfleisch doch einmal pur probieren und erzählen Sie ihnen, dass Mangos in Indien und Brasilien an Riesenbäumen wachsen.**

■ Profitipp **Das in Streifen geschnittene Fleisch in einer Mischung aus 2 EL Sojasauce und 1 EL Speisestärke wenden, pfeffern und zugedeckt 30 Minuten im Kühlschrank ziehen lassen. So wird das Fleisch sehr zart und saftig.**

■ Für Gäste **Wenn Sie Gäste erwarten und Ihre Kinder nicht mitessen, ersetzen Sie die Hälfte der Brühe durch einen trockenen Weißwein. Bestreuen Sie das Gericht mit gerösteten Kokosflocken.**

Aus dem Topf

Zubereitungszeit
50 Min.
Kosten
preiswert
Kalorien/Portion
ca. 490 kcal

Zutaten
für 4 Personen

- 4 Hähnchenbrustfilets (je etwa 150 g)
- etwas Salz
- etwas weißer Pfeffer aus der Mühle
- 2 EL Speiseöl
- 300 ml Hühnerbrühe (Instant)
- 200 g helle kernlose Weintrauben
- 1 EL Speisestärke
- 200 g Sahne
- 100 g milder sahniger Blauschimmelkäse
- glattblättrige Petersilie zum Garnieren (nach Belieben)

Hähnchenbrust mit Weintraubensauce

Hähnchenfleisch garen

1 Die Hähnchenbrustfilets kalt abspülen, trockentupfen, leicht salzen und pfeffern. In einem Topf das Öl erhitzen und die Filets darin bei mittlerer Hitze auf beiden Seiten hellbraun anbraten. Die Brühe darüber gießen und aufkochen lassen. Den Deckel auflegen und das Fleisch etwa 15 Minuten bei schwacher Hitze garen. Die Filets aus dem Topf nehmen und warm stellen.

Sauce zubereiten

2 Die Weintrauben gründlich in heißem Wasser waschen, abtropfen lassen und die Trauben halbieren.

3 Die Brühe durch ein feines Sieb in einen Messbehälter gießen. 200 ml Brühe zurück in den Topf gießen.

4 Die Speisestärke mit etwas Sahne anrühren und mit der restlichen Sahne und dem in Stücke geschnittenen Käse zur Brühe in den Topf geben. Bei schwacher Hitze unter ständigem Rühren den Käse schmelzen und alles aufkochen lassen.

5 Wenn die Sauce andickt, die Trauben zugeben. Etwa 5 Minuten bei schwacher Hitze zugedeckt durchziehen lassen. Die Sauce erneut abschmecken.

6 Die Filets in Scheiben schneiden und mit der Weintraubensauce auf Tellern anrichten. Sofort servieren. Eventuell mit etwas Petersilie garnieren.

FamilienTipps

■ Für Kinder **Das Waschen der Trauben und das Abdrehen vom Stiel können Sie Ihren Kinder überlassen. Sie sollten aber dann mehr Trauben kaufen, denn ein paar der Trauben werden bestimmt in den Mund wandern.**

■ Variation **Wenn Sie saisonbedingt keine Weintrauben bekommen, ersetzen Sie diese einfach durch etwa 200 g kleine Stücke einer süß-säuerlich schmeckenden Apfelsorte (z. B. Elstar).**

■ Beilagentipp **Dazu servieren Sie am besten Reis, und wenn Sie auf einen Salat nicht verzichten wollen, reichen Sie noch eine große Schüssel Feldsalat mit würziger Vinaigrette und gehackten Walnüssen.**

Zubereitungszeit
1 1/2 Std.
Kosten
preiswert
Kalorien/Portion
ca. 820 kcal

Zutaten
für 4 Personen

- 1 Zwiebel
- 1 Stange Staudensellerie mit Grün
- 400 g Hähnchenfleisch
- 7 EL Butter
- 125 ml trockener Weißwein
- abgeriebene Schale und Saft von 1/2 unbehandelten Zitrone
- etwas Salz
- etwas schwarzer Pfeffer aus der Mühle
- 1,2 l sehr heiße Geflügelbrühe (Instant)
- 400 g Risottoreis (Rundkornreis)
- 50 g Sbrinz
- 6 EL Sahne
- 1/2 Bd. glattblättrige Petersilie

Hähnchenrisotto

Gemüse und Fleisch vorbereiten

1 Die Zwiebel schälen und fein hacken. Den Sellerie waschen, putzen und quer in feine Scheibchen schneiden. Das Grün fein hacken. Das Fleisch klein würfeln.

2 In einem großen Topf 4 EL Butter zerlassen und die Zwiebel und die Selleriescheiben darin bei milder Hitze unter Wenden weich dünsten, ohne dass die Zutaten bräunen. Die Temperatur erhöhen, das Fleisch in den Topf geben und rundum leicht braun anbraten.

3 Den Wein angießen, unter Rühren einmal aufkochen und dabei den Alkohol verdampfen lassen. Zitronenschale und -saft zugeben. Alles salzen und pfeffern und zugedeckt etwa 15 Minuten leise köcheln lassen, bis das Fleisch weich ist; wenn nötig, etwas Geflügelbrühe zugießen.

Reis garen

4 Den Reis zum Fleisch geben und alles gut durchrühren. Bei geöffnetem Deckel unter ständigem Rühren schöpflöffelweise Brühe zugießen. Dabei jeweils warten, bis der Reis die Brühe aufgenommen hat, bevor erneut nachgegossen wird. Zwischendurch den Risotto abschmecken.

5 Nach etwa 20 Minuten ist der Risotto cremig und samtig und der Reis noch bissfest. Den Topf von der Kochstelle nehmen. Den Käse fein reiben und mit der restlichen Butter, der Sahne und dem Selleriegrün unterrühren. Den Deckel auflegen und den Risotto kurz ruhen lassen (siehe unten).

6 Die Petersilie waschen, trockentupfen und hacken. Den Risotto in vorgewärmte tiefe Teller portionieren, mit der Petersilie bestreuen und sofort servieren.

Risotto zubereiten

Die heiße Brühe erst angießen, wenn der Reis durch und durch heiß ist. Dann rühren, bis der Reis die ganze Flüssigkeit aufgenommen hat. Auf diese Weise schöpfkellenweise weitere Brühe angießen.

Nach etwa 15 Minuten hinterlässt der Kochlöffel im Risotto eine deutliche Spur, d. h., der Reis ist beinahe gar – eventuell setzt er jetzt leicht am Topfboden an.

Der Risotto ist fertig gegart, wenn er eine cremige Beschaffenheit hat, die Reiskörner aber noch bissfest sind. Die Verfeinerungszutaten unterrühren, den Risotto von der Kochstelle nehmen und zugedeckt noch einige Minuten ziehen lassen.

FamilienTipps

■ **Für Kinder** Dieses Gericht eignet sich gut als Kinder-Krankenkost: Es wärmt angenehm, „rutscht" leicht und sättigt, ohne den Magen zu belasten. Nehmen Sie jedoch statt Sbrinz einen milderen Käse, z. B. Butterkäse.

■ **Einkaufstipp** Sbrinz ist ein Schweizer Hartkäse mit kräftig-nussigem Geschmack. Er wird gern gerieben zum Würzen oder Überbacken verwendet, da er keine Fäden zieht. Falls Sie ihn nicht bekommen, ersetzen Sie Ihn durch dieselbe Menge Parmesan.

■ **Variationen** Wenn Sie den Reis zum Schluss mit etwas Safranpulver würzen, wird das Gericht sehr edel und hat eine zart-gelbliche Farbe. Eine besondere Note bekommt der Risotto, wenn Sie zusätzlich 2 TL mildes Currypulver zum Fleisch geben und mitbraten lassen.

Zubereitungszeit
45 Min.
Kosten
etwas teurer
Kalorien/Portion
ca. 780 kcal

Zutaten
für 4 Personen

- 400 g Möhren
- 1 rote Zwiebel
- 20 g frischer Ingwer
- 1 Stängel Zitronengras
- 6 Zitronenblätter
- 800 g Hähnchenbrustfilet (ohne Haut)
- etwas Salz
- etwas weißer Pfeffer aus der Mühle
- 4 EL Speiseöl
- 2–3 TL Currypulver
- 1 Dose Kokosmilch (Füllmenge 400 g)
- 250 g Jasminreis
- 1 Bd. Koriandergrün
- 200 g grüne TK-Erbsen

Hähnchencurry mit Kokos

Möhren in Stifte schneiden

1 Die Möhren schälen und in etwa 3 cm lange Stücke schneiden. Die Stücke der Länge nach halbieren und die Hälften längs dritteln.

Zwiebel und Ingwer vorbereiten

2 Die Zwiebel schälen und würfeln. Den Ingwer dünn schälen und hacken.

Zitronengras klein schneiden

3 Das Zitronengras und die Zitronenblätter waschen. Den Zitronengrasstängel in dünne Ringe schneiden. Die Zitronenblätter mehrfach einschneiden.

Hähnchenbrustfilet anbraten

4 Das Filet kalt abspülen, trockentupfen, längs halbieren, salzen und pfeffern. Das Öl erhitzen, das Fleisch darin von allen Seiten anbraten, herausnehmen und warm stellen.

5 Möhren, Zwiebel, Ingwer, Zitronengras und -blätter ins Bratfett geben und kurz dünsten.

6 Alles mit Currypulver bestäuben und kurz weiter braten. Das Filet auf das Gemüse legen. Kokosmilch zugießen und 20 Minuten zugedeckt schmoren lassen.

Jasminreis kochen

7 Inzwischen den Reis nach Packungsanweisung garen.

Hähnchencurry fertig stellen

8 Den Koriander waschen, trockentupfen und mit den feinen Stielen hacken. Etwa 3 Minuten vor Ende der Garzeit die unaufgetauten Erbsen zum Curry geben. Das Curry zu Ende garen, die Zitronenblätter entfernen, den Koriander unterheben und alles abschmecken. Das Filet in Scheiben schneiden. Das Gemüse und den Reis auf Tellern arrangieren und die Fleischscheiben darauf legen.

FamilienTipps

■ Für Kinder **Im Sommer können Sie 500 g frische Erbsen kaufen. Fleißigen Kinderhänden macht es großen Spaß, die kleinen grünen Kugeln aus den Hülsen zu pahlen. Mundraub ist hier erlaubt!**

■ Einkaufstipp **Zitronengras und -blätter bekommen Sie im Asienladen. Sie können diese Zutaten aber auch durch die abgeriebene Schale und den Saft einer Limette ersetzen.**

■ Profitipp **Die Kokosmilch können Sie selbst herstellen: 300 g Kokosraspel mit 400 ml Milch aufkochen und 15 Minuten zugedeckt ziehen lassen. Durch ein feines Sieb abgießen und die Kokosraspel gut ausdrücken.**

Zubereitungszeit
1 Std.
Kosten
etwas teurer
Kalorien/Portion
ca. 650 kcal

Zutaten
für 4 Personen

- 4 Putenschnitzel (je 100 g)
- 1–2 EL Senf
- 4 Scheiben Schinken (etwa 60 g)
- 4 Scheiben Gouda
- etwa 15 Blätter Basilikum
- 2 EL Butterschmalz
- 140 ml Apfelsaft
- 1 TL Apfelessig
- 3 EL Mehl
- 4 EL Butter
- 50 g Crème double
- 150 g Sahne
- etwas Salz
- etwas Pfeffer aus der Mühle
- 400 g bunte Nudeln (z. B. Band- oder Spiralnudeln)

Gefüllte Putenröllchen mit bunten Nudeln

Putenröllchen zubereiten

1 Die Schnitzel kalt abspülen und trockentupfen. Mit Senf bestreichen und je 1 Scheibe Schinken und Käse darauf legen. Die Basilikumblätter bis auf einige, die für die Garnitur zurückbehalten werden, darauf verteilen, die Schnitzel aufrollen und je 1 Holzstäbchen durch die Röllchen stecken.

2 Das Butterschmalz in einem flachen Topf zerlassen und die Röllchen darin rundum hellbraun anbraten. Mit 100 ml Apfelsaft und dem Essig ablöschen und bei schwacher Hitze im geschlossenen Topf noch etwa 15 Minuten schmoren. Die Putenröllchen aus dem Topf nehmen.

Sauce zubereiten

3 Für die Sauce das Mehl mit 3 EL Butter verkneten. Crème double, Sahne und den restlichen Apfelsaft in den Bratfond im Topf rühren und erhitzen. Die Mehlbutter stückchenweise mit dem Schneebesen in die heiße Sauce einrühren, und zwar so viel, bis die Sauce die gewünschte sämige Konsistenz hat. Mit Salz und Pfeffer abschmecken.

Nudeln kochen und anrichten

4 Die Nudeln in reichlich kochendem Salzwasser nach Packungsanweisung bissfest garen. Abgießen, gut abtropfen lassen und die restliche Butter untermengen. Auf 4 Tellern anrichten. An den Putenröllchen die Holzspieße entfernen und die Röllchen einmal quer durchschneiden. Die Röllchen neben den Nudeln anrichten und die Sauce darüber gießen. Alles mit den restlichen Basilikumblättchen garnieren.

FamilienTipps

■ **Für Kinder** Damit Ihre Kinder bei diesem Gericht auch pflanzliche Nährstoffe bekommen, füllen Sie zusätzlich gegarte Möhrenstifte oder gegarte grüne Bohnen, die Sie quer auf den Käse legen, in die Röllchen.

■ **Variationen** Dieses Gericht lässt sich gut abwandeln: Nehmen Sie statt Schinken 4 Scheiben Frühstücksspeck, wickeln Sie je 1 Scheibe um das aufgerollte Fleisch und stecken Sie das Röllchen mit einem Holzstäbchen fest. Essen keine Kinder mit, löschen Sie den Bratenansatz mit 100 ml Weißwein und 1 TL Weißweinessig ab. Ein besonderes Aroma erhalten die Röllchen, wenn Sie statt Basilikum je 1 frisches Salbeiblatt mit in das Fleisch einrollen.

Zubereitungszeit
1 ½ Std.
Kosten
etwas teurer
Kalorien/Portion
ca. 590 kcal

Zutaten
für 4 Personen

Für das Gulasch

- 600 g Putenbrust
- 4 Zwiebeln
- 3 Knoblauchzehen
- 500 g bunt gemischte Paprikaschoten
- 3 EL Butterschmalz
- 2 EL Tomatenmark
- 2–3 TL Paprikapulver, edelsüß
- etwas Paprikapulver, rosenscharf
- ½ l Geflügelbrühe (Instant)
- etwas Salz
- etwas schwarzer Pfeffer aus der Mühle
- etwas Zucker

Für die Brezelknödel

- 5 Laugenbrezeln vom Vortag
- 200 ml heiße Milch
- 1 Zwiebel
- 1 TL Butterschmalz
- 4 frische Eier
- 2–3 EL Semmelbrösel

Putengulasch mit Paprika und Brezelknödeln

Putenfleisch vorbereiten

1 Das Putenfleisch kalt abspülen, trockentupfen und in etwa 2 cm große Würfel schneiden.

Zwiebeln und Paprika klein schneiden

2 Zwiebeln und Knoblauch schälen. Zwiebeln würfeln, Knoblauch hacken. Paprika waschen, putzen, entkernen und würfeln.

Fleisch und Zwiebeln anbraten

3 In einem Bräter 2 EL Butterschmalz erhitzen. Das Fleisch darin in 2 Portionen rundum anbraten. Fleisch herausnehmen. Restliches Butterschmalz in den Bräter geben. Zwiebeln darin anbraten, Knoblauch zugeben.

4 Tomatenmark und Paprikapulver untermischen. Die Brühe zugeben und aufkochen lassen. Das Fleisch zurück in den Topf geben und etwa 30 Minuten schmoren.

Knödelteig herstellen

5 Die Brezeln würfeln, 250 g abwiegen und Milch darüber gießen. Zwiebel abziehen und würfeln. Butterschmalz zerlassen und die Zwiebelwürfel darin glasig braten.

6 Zwiebeln zu den Brezeln geben. Eier einarbeiten, salzen, pfeffern. Semmelbrösel unterkneten, bis ein geschmeidiger Teig entsteht.

7 Paprika zum Gulasch geben und alles weitere 10 Minuten schmoren.

Knödel formen

8 Teig in 12 Portionen teilen und Knödel formen. Salzwasser aufkochen und die Knödel darin etwa 20 Minuten gar ziehen lassen.

Gulasch abschmecken

9 Gulasch mit Salz, Pfeffer und 1 Prise Zucker abschmecken. Mit den Knödeln servieren.

FamilienTipps

■ Für Kinder **Das macht Spaß: Lassen Sie sich bei den Knödeln von Ihren kleinen Meisterköchen helfen. Teilen Sie den Teig in 12 Portionen. Hieraus können auch ungeübte Kinderhände die Knödel formen!**

■ Spartipp **Aus übrigen Knödeln können Sie einen herrlichen Salat zubereiten: die Knödel halbieren und in Scheiben schneiden. Mit Tomatenscheiben und Lauchzwiebelringen mischen. Dazu passt eine Essig-Öl-Marinade.**

■ Variationen **Wenn Sie keine Laugenbrezeln nehmen wollen, verwenden Sie stattdessen Brötchen (Semmeln). Die Semmelknödel können Sie zusätzlich mit ½ Bund gehackter Petersilie oder gehacktem Majoran würzen.**

Zubereitungszeit
2 Std.
Kosten
preiswert
Kalorien/Portion
ca. 780 kcal

Zutaten
für 4 Personen

- 1 Poularde (etwa 1,5 kg)
- 2 Möhren
- 2 Lorbeerblätter
- 2 Schalotten
- 75 g Butter
- etwas Salz
- etwas weißer Pfeffer aus der Mühle
- 300 ml Weißwein (oder Brühe mit Zitronensaft)
- 1/2 Bd. Estragon
- 200 g Sahne
- 1 frisches Eigelb

Poularde in Estragonsauce

Poularde vorbereiten

1 Poularde zerteilen, häuten und Knochen aus Brust und Schenkeln lösen (siehe unten). Das Fleisch in gleich große Stücke schneiden und beiseite legen.

2 Möhren schälen und würfeln. Hühnerknochen zerkleinern. Möhrenwürfel, Knochen, Flügel, Lorbeerblätter und 400 ml kaltes Wasser aufkochen. Zugedeckt bei mittlerer Hitze etwa 45 Minuten kochen lassen.

3 Brühe durch ein Sieb gießen. Bei starker Hitze offen auf die Hälfte einkochen lassen.

Fleisch garen

4 Inzwischen die Schalotten schälen und fein würfeln. Fleisch in 2 1/2 EL Butter bei mittlerer Hitze leicht anbraten. Schalotten zugeben und 3 Minuten mitbraten. Salzen und pfeffern.

5 Etwa 200 ml Wein und die eingekochte Brühe zugeben, aufkochen lassen und alles bei mittlerer Hitze zugedeckt 20 Minuten schmoren. Restliche Butter stückeln und ins Tiefkühlfach geben.

Sauce zubereiten

6 Estragon waschen, trockentupfen und bis auf einen Zweig hacken. Fleisch aus der Sauce nehmen, warm stellen. Restlichen Wein und Estragon in die Sauce geben. Sauce bei großer Hitze 5 Minuten offen einkochen lassen.

7 Topf vom Herd nehmen. Butter und Sahne nach und nach unter die Sauce rühren. Das Eigelb unterrühren. Die Sauce unter Rühren erhitzen, nicht mehr kochen lassen. Sauce salzen und pfeffern.

8 Fleisch mit der Sauce anrichten und mit dem restlichen Estragon garnieren.

Poularde häuten

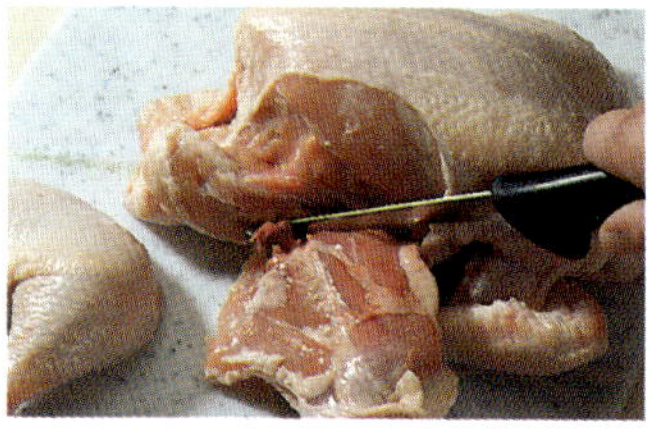

Die Schenkel leicht nach außen biegen. Die Haut und das obere Gelenk mit einem scharfen Messer durchschneiden. Den Rücken mit einer Geflügelschere vom Brustteil trennen.

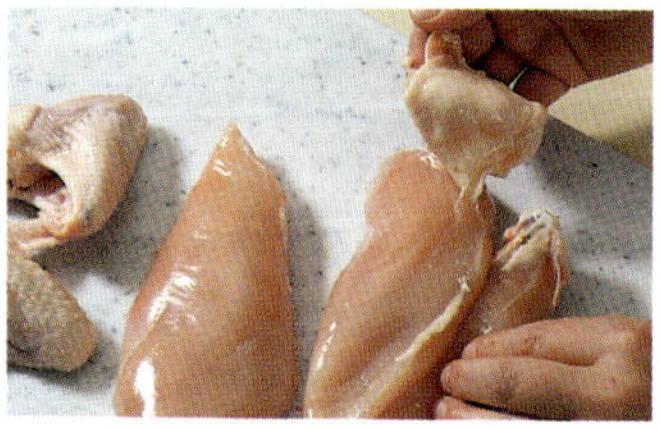

Die Hähnchenbrust der Länge nach mit der Schere halbieren. Die Flügel abschneiden. Haut abziehen und vom Knochen schneiden.

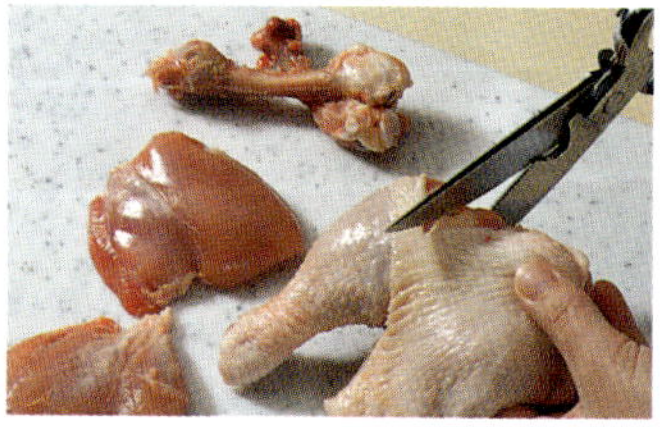

Die Schenkel im unteren Gelenk mit der Schere zerteilen. Häuten und die Knochen mit dem Messer herauslösen.

FamilienTipps

■ **Für Kinder** Lassen Sie Ihre Kinder die frischen Lorbeerblätter schräg zur Blattader mehrfach einschneiden. Das sieht hübsch aus und intensiviert das Aroma der Lorbeerblätter.

■ **Der schnelle Tipp** Sie können Zeit sparen, wenn Sie 4 Hähnchenbrustfilets ohne Haut (je etwa 200 g) nehmen. Da dann keine Knochen für die Brühe zur Verfügung stehen, verwenden Sie am besten Geflügelbrühe (Instant) aus dem Glas.

■ **Beilagentipp** Das Rezept für dieses Gericht stammt aus Frankreich. Dort isst man gerne Baguette dazu. Es passen aber auch Bandnudeln (Tagliatelle), eine Wildreismischung oder auch Vollkornreis. Was mag Ihre Familie am liebsten?

Zubereitungszeit
1 Std.
Kosten
preiswert
Kalorien/Portion
ca. 530 kcal

Puten-Gemüse-Ragout mit Spätzle und Safransauce

Zutaten
für 4 Personen

- 100 g Möhren
- 100 g Zuckerschoten
- 300 ml Geflügelbrühe (Instant)
- 300 g Putengulasch aus der Keule
- etwas Salz
- etwas schwarzer Pfeffer aus der Mühle
- 2 EL Sonnenblumenöl
- 400 g Spätzle
- 60 g Butter
- 1 Döschen Safranpulver
- 2 1/2 EL Mehl
- 125 g Sahne
- nach Belieben einige Blättchen Minze zum Garnieren

Gemüse zubereiten

1 Die Möhren schälen und längs in dünne, 3–4 cm lange Streifen schneiden. Die Zuckerschoten putzen, waschen und schräg ebenfalls in Streifen schneiden. Das Gemüse in 50 ml kochender Brühe 5–8 Minuten dünsten.

Fleisch braten

2 Das Putenfleisch eventuell kleiner würfeln, leicht salzen und pfeffern und in einer großen Pfanne im heißen Öl unter gelegentlichem Wenden auf allen Seiten hellbraun anbraten. Das Fleich unter das Gemüse mengen und warm halten.

Nudeln kochen

3 Die Spätzle in reichlich Salzwasser nach Packungsanweisung bissfest kochen. Abgießen, abtropfen lassen, 1 EL Butter in Flöckchen unterheben und die Spätzle warm halten.

Sauce zubereiten und Gericht servieren

4 In einem kleinen Topf die restliche Butter zerlassen und nacheinander das Safranpulver und das Mehl hineinrühren. Das Ganze mit der restlichen Geflügelbrühe und der Sahne auffüllen. Unter Rühren alles gut durchkochen lassen, sodass eine sämige Sauce entsteht.

5 Die Spätzle auf 4 Teller verteilen. Das Puten-Gemüse-Ragout darauf anrichten und die Safransauce darüber gießen. Nach Belieben mit Minzeblättchen garnieren.

FamilienTipps

Für Kinder Kinder werden Augen machen, wenn sie die gelbe Sauce sehen! Sagen Sie ihnen, dass die Farbe von einem der teuersten Gewürze stammt und dass es der Blütenstaub einer exotischen Blume ist.

Der schnelle Tipp Wenn es noch schneller gehen soll, nehmen Sie statt frischem Gemüse einfach die gleiche Menge TK-Mischgemüse.

Variation Wenn Sie mal keine Lust auf Möhren und Zuckerschoten haben, verarbeiten Sie einfach andere Gemüsesorten wie Brokkoli, Spargel oder frische Champignons.

Zubereitungszeit
1 1/2 Std.
Kosten
etwas teurer
Kalorien/Portion
ca. 990 kcal

Zutaten
für 4 Personen

Für den Kartoffelsalat

- 600 g fest kochende Kartoffeln
- etwas Salz
- 1 Zitrone
- 150–200 ml Geflügelbrühe
- etwas schwarzer Pfeffer aus der Mühle
- 6 EL Rapsöl
- 2 Minisalatgurken
- 1 rote Zwiebel
- 1 Bd. Schnittlauch

Für das Hähnchen

- 1 Hähnchen (etwa 1,2 kg)
- 120 g Mehl
- etwas Salz
- etwas weißer Pfeffer aus der Mühle
- 2 frische Eier
- 120 g Vollkorn-Semmelbrösel
- Öl zum Frittieren
- 2 Zitronen, in Spalten geschnitten zum Garnieren

Backhendl mit Kartoffel-Gurken-Salat

Kartoffeln kochen

1 Kartoffeln gründlich waschen und in Salzwasser etwa 20 Minuten gar kochen.

Salatmarinade zubereiten

2 Zitrone auspressen. Saft und Brühe verrühren, salzen und pfeffern, Öl unterschlagen.

Gurken, Zwiebel und Schnittlauch vorbereiten

3 Gurken waschen, eventuell schälen, längs halbieren und die Kerne herauskratzen. Die Hälften quer in dünne Scheiben schneiden.

4 Zwiebel schälen, längs halbieren und in Ringe schneiden. Schnittlauch waschen, trockentupfen und in Röllchen schneiden.

Kartoffeln pellen

5 Abgegossene Kartoffeln pellen, in Scheiben schneiden und mit der Marinade begießen.

6 Zwiebel, Gurken und Schnittlauch untermischen. Salat bis zum Servieren beiseite stellen.

Hähnchen vorbereiten

7 Das Hähnchen in 12 Teile zerlegen (siehe S. 92). Teile abspülen und trockentupfen.

8 Mehl, je 1/2 TL Salz und Pfeffer mischen und in einen Gefrierbeutel geben. Eier in einem Teller verschlagen. Semmelbrösel in einen weiteren Gefrierbeutel geben. Teile einzeln erst im Beutel mit dem Mehl, dann in den Eiern und in den Semmelbröseln wenden.

Hähnchen frittieren

9 Das Öl erhitzen (siehe Profitipp). Die Teile im heißen Fett portionsweise schwimmend etwa 7 Minuten goldbraun ausbacken, auf Küchenkrepp abtropfen lassen und mit dem Salat und mit Zitronenspalten garniert servieren.

FamilienTipps

■ **Für Kinder** **Das Panieren der Hähnchenteile in den Gefrierbeuteln ist kinderleicht. Im Team mit Mutti oder Vati macht es dazu einen Riesenspaß!**

■ **Beilagentipp** **Hierzu passt eine Remoulade: 200 g Salatmajonnaise und 100 g Joghurt verrühren. Je eine gewürfelte Gewürzgurke und Zwiebel zugeben. 2 hart gekochte Eier hacken und unterheben, salzen und pfeffern.**

■ **Profitipp** **Das Frittieröl hat die richtige Temperatur, wenn von einem Holzlöffelstiel, den Sie in das Fett tauchen, kleine Blasen aufsteigen.**

Aus dem Ofen und vom Grill

Zubereitungszeit
45 Min.
Kosten
preiswert
Kalorien/Portion
ca. 530 kcal

Schmorgurken mit Hähnchenfüllung

Zutaten
für 4 Personen

- 600 g Kartoffeln
- etwas Salz
- 2 Schmorgurken (je etwa 600 g)
- 1 unbehandelte Zitrone
- 800 g Hähnchenbrustfilet (ohne Haut)
- 2 EL Mehl
- etwas weißer Pfeffer aus der Mühle
- 3 EL Speiseöl
- 250 ml Geflügelbrühe (Instant)
- 150 g Crème fraîche
- 4 EL Kräuterbutter
- 1/2–1 Bd. Dill

Kartoffeln kochen

1 Die Kartoffeln waschen und abbürsten. Ungeschält in Salzwasser etwa 20 Minuten gar kochen.

Gurken und Zitrone vorbereiten

2 Inzwischen die Gurken schälen und längs halbieren. Die Kerne mit einem Löffel herauskratzen und die Gurken salzen und beiseite stellen.

3 Die Zitrone heiß abspülen und die Schale dünn abreiben. Die Frucht halbieren und eine Hälfte auspressen, die andere Hälfte für ein anderes Gericht verwenden.

Hähnchenbrustfilet würfeln und braten

4 Das Filet kalt abspülen, trockentupfen und in kleine Würfel schneiden. Mehl und je 1/2 TL Salz und Pfeffer mischen. Das Hähnchenfleisch mit dem gewürzten Mehl mischen.

5 Das Öl erhitzen und das Fleisch darin rundum anbraten. Brühe und Crème fraîche zugeben. Mit Salz, Pfeffer, Zitronensaft und Zitronenschale abschmecken.

Kartoffeln pellen

6 Den Backofen auf 200 °C (Umluft 170 °C; Gas Stufe 3) vorheizen. Die Kartoffeln pellen und in eine ofenfeste Form legen. Die Kräuterbutter zerlassen und über die Kartoffeln geben.

Gurken schmoren

7 Die Gurken trockentupfen. Die Füllung auf die 4 Gurkenhälften verteilen. In die Form legen. Die Form in den Ofen schieben und das Gericht etwa 25 Minuten schmoren.

8 Den Dill waschen, trockentupfen und hacken. Über die Gurken streuen und das Gericht sofort servieren.

FamilienTipps

■ **Für Kinder** **Jedem Kind sein eigenes Piraten-Gurkenboot: Basteln Sie ein Segel aus Schaschlikspieß und Butterbrotpapier. Mit Namen beschriften und schon kann es auf große Seeräuberfahrt in Richtung Magen gehen!**

■ **Gesundheitstipp**
Gurken haben aufgrund ihres hohen Wassergehalts nur wenige Kalorien. Der Dill gibt ihnen den besonderen Pfiff und regt zudem die Verdauung an.

■ **Der schnelle Tipp**
Weniger Arbeit haben Sie mit diesem Gericht, wenn Sie dazu anstelle der Kartoffeln Kartoffelpüree aus der Tüte servieren. Rühren Sie dann den Dill unter das Püree.

Hähnchen mit Ricottafüllung

Zubereitungszeit
1 ½ Std.
Kosten
etwas teurer
Kalorien/Portion
ca. 920 kcal

Zutaten
für 4 Personen

- 2 Schalotten
- 2 Stangen Staudensellerie
- 250 g Kürbisfleisch (geputzt gewogen)
- 2 rote Paprikaschoten
- 5 EL Butter
- 1 Bd. Petersilie
- 2 Zweige Thymian
- 500 g Ricotta (siehe Einkaufstipp)
- 2 frische Eier
- 2 EL Semmelbrösel
- etwas gem. Piment
- etwas Salz
- etwas weißer Pfeffer aus der Mühle
- 2 kleine Brathähnchen (je etwa 800 g)
- 200 ml Weißwein
- 2 EL Zitronensaft

Zutaten für die Füllung vorbereiten

1 Die Schalotten schälen und würfeln. Den Sellerie putzen und in etwa ½ cm dicke Scheiben schneiden.

2 Das Kürbisfleisch klein würfeln. Die Paprika putzen, vierteln und entkernen. Die Viertel ebenfalls in kleine Würfel schneiden.

Füllung zubereiten

3 Die Butter erhitzen. Schalotten, Sellerie und Paprika darin unter Rühren etwa 5 Minuten braten. Kürbisfleisch untermischen und nur kurz erhitzen. Abkühlen lassen.

4 Petersilie und Thymian abspülen und trockentupfen. Die Blättchen abzupfen und hacken.

5 Ricotta, Eier und Semmelbrösel verrühren, abgekühltes Gemüse und Kräuter untermischen. Füllung mit 1 kräftigen Prise Piment, Salz und Pfeffer abschmecken.

Hähnchen füllen

6 Den Backofen auf 200 °C (Umluft 170 °C, Gas Stufe 3) vorheizen. Die Hähnchen außen und innen abspülen und trockentupfen. Die Füllung in die Hähnchen geben und die Öffnung mit Hölzchen verschließen. Die Hähnchen außen salzen und pfeffern.

Hähnchen braten

7 Die Hähnchen in je ein Stück Bratschlauch geben. Wein und Zitronensaft einfüllen und den Bratschlauch nach Herstellerangaben verschließen.

8 Die Bratbeutel nebeneinander auf den kalten Backofenrost legen und die Hähnchen etwa 45 Minuten braten. Nun die Bratbeutel oben aufschneiden, damit die Hähnchen Farbe annehmen können. Weitere 20 Minuten braten.

9 Die Hähnchen aus den Beuteln nehmen und anschließend längs halbieren.

FamilienTipps

■ Für Kinder **Im Herbst sind Kürbisse preiswert! Kaufen Sie einen mittelgroßen und höhlen Sie ihn zusammen mit Ihren Kindern aus. Das Innere nehmen Sie für dieses Gericht, aus dem Kürbis können Sie eine Kürbisfratze basteln!**

■ Einkaufstipp **Der italienische Ricotta wird aus Kuh- oder Schafsmolke hergestellt. Er ist von feinkörniger Struktur und sehr mild. Wenn Sie Ricotta nicht bekommen, verwenden Sie stattdessen Magerquark.**

■ Profitipp **Die Füllung ist reichlich bemessen. Sollte etwas Füllung übrig bleiben, geben Sie sie in eine gefettete Auflaufform und garen Sie sie 30 Minuten auf dem Backofenboden. Zu den Hähnchen reichen.**

Gefüllte Putenbrust mit Käsehaube

Zubereitungszeit
40 Min. (plus 1 1/2 Std. Bratzeit)
Kosten
etwas teurer
Kalorien/Portion
ca. 580 kcal

Zutaten
für 6 Personen

- 2 Brötchen vom Vortag
- 1 Apfel
- 1 rote Paprikaschote
- 1 kleine Stange Lauch
- 4 dünne Scheiben Frühstücksspeck
- je 1 Bd. Petersilie und Schnittlauch
- 3 frische Eier (Größe S)
- etwas Salz
- etwas Pfeffer aus der Mühle
- 1,5 kg Putenbrust
- 1/4 l Fleischbrühe (Instant)
- 150 g Steppenkäse
- 2 EL mittelscharfer Senf
- 1/8 l Apfelsaft
- 125 g Sahne
- 2 EL Mehl

Füllung zubereiten

1 Die Brötchen in Wasser einweichen. Den Apfel schälen und das Kernhaus entfernen, die Paprika waschen und putzen. Apfel, Paprika und Speck fein würfeln. Den Lauch putzen, gut waschen und in feine Ringe schneiden. Die Kräuter waschen und trockentupfen. Petersilie fein schneiden, Schnittlauch in Röllchen schneiden.

2 Die Brötchen gut ausdrücken. Mit dem vorbereiteten Gemüse, dem Speck und der Hälfte der Kräuter, 1 Ei sowie etwas Salz und Pfeffer verkneten.

Putenbrust füllen und garen

3 Den Backofen auf 200 °C (Umluft 170 °C; Gas Stufe 3) vorheizen. In die Putenbrust waagrecht eine Tasche schneiden und das Fleisch innen und außen salzen und pfeffern. Die Füllung hineingeben, die Öffnung mit Holzspießchen zustecken und kreuzweise mit Küchengarn zubinden.

4 Das Fleisch in den Bratentopf geben, 1/4 l Wasser zugießen und im Ofen auf der mittleren Schiene 90 Minuten braten. Nach und nach die Brühe übergießen.

5 Käse fein reiben und mit Senf, 2 Eigelben und den restlichen Kräutern zu einer Paste verrühren. 15 Minuten vor Ende der Garzeit das Fleisch damit bestreichen.

Sauce zubereiten

6 Die fertige Putenbrust herausnehmen und warm stellen. Den Bratensaft in einen Topf füllen, 1/4 l Wasser, Apfelsaft und Sahne zugießen. Alles aufkochen lassen. Das Mehl mit etwas kaltem Wasser anrühren und die Sauce damit binden; mit Salz und Pfeffer abschmecken. Mit einem Salat als Beilage servieren.

FamilienTipps

■ Für Kinder **Sind die Eier tatsächlich frisch? Machen Sie ein Experiment: Legen Sie ein rohes Ei in ein Glas mit Wasser. Ist das Ei frisch, dann sinkt es zu Boden und bleibt dort liegen. Ältere Eier schwimmen oben. Erklären Sie Ihren Kindern, dass jedes Ei am runden, breiteren Ende eine Luftblase hat. Je älter das Ei ist, umso mehr Luft dringt durch die Schale ein, die Luftkammer wird größer, das Ei schwimmt an der Oberfläche!**

■ Variation **Besonders fein schmeckt dieses Gericht, wenn Sie den Apfelsaft durch dieselbe Menge herben Apfelcidre ersetzen. Röstkartoffen und ein knackiger Salat machen die Putenbrust zu einer vollständigen Mahlzeit.**

Gans mit Apfelfüllung

Zubereitungszeit
25 Min. (plus 2 1/2–2 3/4 Std. Garzeit)
Kosten
etwas teurer
Kalorien/Portion
ca. 1700 kcal

Zutaten
für 6 Personen

- 2 mürbe Äpfel
- 2 Zwiebeln
- 4 EL grob gehackte Haselnüsse
- 100 g zerbröseltes Schwarzbrot
- 200 g Bratwurstbrät
- 100 g Preiselbeerkompott
- 4 EL gehackte Petersilie
- etwas Salz
- etwas Pfeffer aus der Mühle
- 1 küchenfertige Frühmastgans (3–4 kg)
- etwa 400 ml Hühnerbrühe (Instant)
- 2–3 TL Speisestärke
- 6 EL Crème fraîche

Füllung zubereiten

1 Die Äpfel schälen und grob raspeln. Die Zwiebeln schälen und grob hacken. Beides mit Nüssen, Schwarzbrotbröseln, Brät, Kompott und Petersilie vermischen; mit Salz und Pfeffer abschmecken.

Gans füllen

2 Die Gans waschen, trocknen und innen sowie außen mit Salz und Pfeffer einreiben. Den Backofen auf 210 °C (Umluft 180 °C; Gas Stufe 3–4) vorheizen. Bauch- und Kropfhöhle der Gans mit der Füllung locker füllen. Die Öffnungen mit Küchengarn zunähen.

Gans braten

3 Die Gans mit der Brust nach unten in einen Bräter geben. Die Brühe aufkochen, die Gans mit 300 ml Brühe begießen und 45 Minuten zugedeckt dämpfen. Dann offen im eigenen Fett weitere 1 3/4–2 Stunden braten.

4 Während die Gans brät, die Haut an den Seiten unterhalb von Flügeln und Keulen mehrmals einstechen, damit Fett austritt, und den Vogel immer wieder mit dem Fett übergießen.

5 Nach und nach die restliche kochende Brühe angießen. Die Gans wenden, wenn der Rücken Farbe bekommen hat. Nach der Hälfte der Garzeit die Temperatur auf 190 °C (Umluft 160 °C; Gas Stufe 2–3) zurückschalten. 10 Minuten vor Ende der Garzeit die Gans bei 240 °C (Umluft 200 °C; Gas Stufe 4–5) fertig garen.

Sauce zubereiten und Gans servieren

6 Die Gans herausnehmen; warm stellen. Die Speisestärke mit Crème fraîche verrühren, den Bratfond damit unter Rühren kurz aufkochen lassen. Die Gans tranchieren (siehe unten) und servieren.

Gans tranchieren

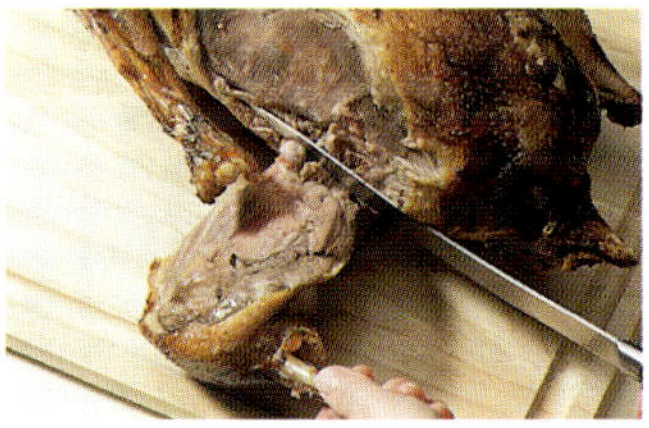

Zum Tranchieren ein langes Messer mit dünner, biegsamer Klinge verwenden. Die Haut zwischen Schenkeln und Rumpf durchtrennen, die Keule nach außen biegen und dann am Gelenk ablösen.

Die Brust längs in dünne Streifen schneiden, vom Knochen lösen. Die Gänseflügel enthalten kaum Fleisch und werden deshalb meist nicht serviert.

Nach Belieben die Keulen zwischen Ober- und Unterschenkel zerteilen und auf jeden Teller ein Keulenteil und/oder 1–3 Scheiben Brustfleisch portionieren.

FamilienTipps

■ Für Kinder Erraten Ihre Kinder, welche duftenden Zutaten sich in der Gans verbergen? Machen Sie mit Ihren Kindern ein Riechspiel: Lassen Sie sie mit verbundenen Augen z. B. an Käse, Saft oder Knoblauch riechen und raten, um welches Lebensmittel es sich handelt.

■ Profitipps Wenn Sie tiefgefrorenes Geflügel verarbeiten, legen Sie es zum Auftauen zugedeckt in ein Gefäß mit Siebeinsatz und schütten das Auftauwasser weg.
Nach dem Verarbeiten von Geflügel Geschirr, Arbeitsfläche, Geräte und Hände sehr gründlich mit heißem Wasser säubern, um eine Salmonelleninfektion in jedem Fall zu vermeiden.
Für eine besonders knusprige Kruste bepinseln Sie die Gans am Ende der Garzeit mit etwas Salzwasser.

Rosmarin-Zitronen-Huhn

Zubereitungszeit
1 ½ Std.
Kosten
preiswert
Kalorien/Portion
ca. 610 kcal

Zutaten
für 4 Personen

- 1 großes Brathähnchen (etwa 1,2 kg)
- 5 Zweige Rosmarin
- 2 Zitronen, 1 davon unbehandelt
- 2 Fenchelknollen mit Grün
- 150 g Räucherspeck (am Stück)
- etwas Salz
- etwas weißer Pfeffer aus der Mühle
- etwas Fenchelhonig

Hähnchen vorbereiten

1 Das Hähnchen der Länge nach halbieren, abspülen und trockentupfen. Den Rosmarin abspülen und trockentupfen. 4 Zweige in Stücke schneiden.

2 Die Haut vorsichtig vom Fleisch abheben und den Rosmarin unterschieben. Die Haut mehrmals mit einer Fleischgabel einstechen. 1 Zitrone auspressen und das Hähnchen im Saft marinieren, bis die übrigen Zutaten vorbereitet sind. Ab und zu wenden.

Gemüse vorbereiten

3 Einen großen Tontopf wässern. Den Fenchel putzen, das Grün beiseite legen. Die Fenchelknollen abspülen und längs halbieren. Die Hälften klein schneiden.

4 Die unbehandelte Zitrone heiß abspülen, längs halbieren und in Stücke schneiden. Den Speck mit der Schwarte quer in etwa ½ cm dicke Streifen schneiden.

Hähnchen braten

5 Fenchel, Zitronenstücke und Speckstreifen im Tontopf vermischen. Die Hähnchenhälften aus dem Zitronensaft nehmen und rundum salzen und pfeffern. Den Zitronensaft zum Fenchel geben und das Hähnchen auf den Fenchel legen.

6 Den Tontopf schließen und in den kalten Backofen stellen. Das Hähnchen bei 220 °C (Umluft 190 °C, Gas Stufe 3–4) 40 Minuten garen. Den Deckel abnehmen und das Hähnchen weitere 25 Minuten braten, damit die Haut knusprig wird.

7 Das Fenchelgrün abspülen, trockentupfen und hacken. Das Hähnchen vom Gemüse nehmen, das Fenchelgrün unter das Gemüse heben und mit Salz, Pfeffer und Fenchelhonig abschmecken. Das Hähnchen wieder zugeben und das Gericht mit dem restlichen Rosmarin garniert servieren.

FamilienTipps

■ Für Kinder **Dieses Gericht ist nicht nur für Kinder gut verträglich! Fenchel regt den Appetit an, fördert die Verdauung und beseitigt Blähungen. Bei Kindern ist Fenchelhonig nicht nur bei Erkältungskrankheiten beliebt!**

■ Beilagentipp **Reichen Sie hierzu ein dunkles Baguette oder Vollkorn-Fladenbrot. Es passen aber auch Nudeln (z. B. griechische Reisnudeln oder kurze Makkaroni) dazu.**

■ Variationen **Verwenden Sie Orangen statt der Zitronen und ½ Bund Thymian anstelle von Rosmarin.**
Statt Speck können Sie auch 100 g Tomaten in Öl (gewürfelt) verwenden.

Zubereitungszeit
50 Min. (plus 40 Min. Garzeit)
Kosten
etwas teurer
Kalorien/Portion
ca. 730 kcal

Nudelauflauf mit Putenbrust und Gemüse

Zutaten
für 4 Personen

- 250 g Spiralnudeln
- etwas Salz
- 250 g Cocktailtomaten
- 150 g Champignons
- 150 g TK-Erbsen
- 1 gelbe Paprikaschote
- 250 g Putenbrust
- 3 EL Öl
- etwas Pfeffer aus der Mühle
- 1 Bd. Petersilie
- 150 g Bergkäse
- 150 g Crème fraîche
- 80 g Sahne
- etwas Fett zum Einfetten

Nudeln und Gemüse vorbereiten

1 Die Nudeln in reichlich Salzwasser 5 Minuten kochen, abgießen und gut abtropfen lassen. Die Tomaten waschen und halbieren oder vierteln. Die Pilze abreiben, putzen und in Scheiben schneiden. Tomaten und Pilze mit den (unaufgetauten) Erbsen unter die Nudeln mischen.

Fleisch braten

2 Die Paprikaschote putzen, waschen und würfeln. Die Putenbrust abspülen, trockentupfen und in kleine Würfel schneiden. Das Öl in einer Pfanne erhitzen und das Fleisch darin in etwa 7 Minuten unter gelegentlichem Wenden bei großer Hitze anbraten. Das Fleisch mit Salz und Pfeffer würzen. Die gewürfelte Paprika zum Fleisch geben und 3 Minuten mitbraten.

Auflauf garen

3 Die Petersilie waschen und bis auf einen Zweig fein hacken. 2 EL Petersilie für die Garnitur zurückbehalten. Den Käse reiben und mit Petersilie, Crème fraîche und der Hälfte der Sahne unter die Nudelmischung rühren; alles kräftig mit Salz und Pfeffer abschmecken.

4 Eine Auflaufform (etwa 30 cm lang) einfetten. Die Nudelmasse hineingeben und die Form in den kalten Ofen stellen. Den Auflauf bei 200 °C (Umluft 170 °C, Gas Stufe 3) etwa 40 Minuten backen. Den Auflauf auf 4 Teller verteilen und jeweils 1 EL Sahne und die restliche gehackte Petersilie sowie den Petersilienzweig daübergeben.

FamilienTipps

■ Für Kinder **Bei Kindern sind oft mildere Käsesorten beliebt. In diesem Fall ersetzen Sie den Bergkäse am besten durch einen jungen Gouda oder geriebenen Gratinkäse (Fertigprodukt).**

■ Der schnelle Tipp **Wenn Sie unter der Woche wenig Zeit zum Kochen haben, ersetzen Sie das Gemüse durch 750 g TK-Mischgemüse und mengen es unaufgetaut unter die Nudeln.**

■ Partnertipp **Der Auflauf kann vorbereitet und – ungebacken – mit Folie bedeckt in den Kühlschrank gestellt werden. So braucht ihn Ihr Partner, wenn er heimkommt, nur noch in den heißen Ofen zu stellen und zu backen.**

Geschmorte Hähnchenbrust mit Kartoffel-Möhren-Mix

Zubereitungszeit
1 Std. (plus 45 Min. Garzeit)
Kosten
preiswert
Kalorien/Portion
ca. 680 kcal

Zutaten
für 4 Personen

- 850 g Kartoffeln
- 750 g Möhren
- 175 g Crème fraîche
- etwas 500 ml Milch
- 100 g geriebener Bergkäse
- etwas Salz
- etwas Pfeffer aus der Mühle
- 2 Hähnchenbrüste (mit Knochen)
- 3–4 EL Butter
- 1 Knoblauchzehe
- 2 EL Mehl
- 3/8 l Hühnerbrühe
- 1 frisches Eigelb
- Schnittlauchröllchen oder gehackte Petersilie

Kartoffel-Möhren-Mix zubereiten

1 Den Backofen auf 225 °C (Umluft 200 °C; Gas Stufe 4) vorheizen. Kartoffeln schälen und grob würfeln. Möhren waschen, bürsten oder schälen und in grobe Scheiben schneiden. Beides in eine große Auflaufform geben.

2 Die Crème fraîche bis auf 1 EL und die Milch mit 50 g Käse, gut 1/2 TL Salz und etwas Pfeffer verrühren und über das Gemüse gießen. Es sollte bedeckt sein, sonst noch Milch nachgießen.

3 Alles im Ofen auf mittlerer Schiene etwa 45 Minuten garen, 10 Minuten vor Ende der Garzeit den restlichen Käse darüber streuen und goldbraun werden lassen.

Fleisch garen

4 Inzwischen das Fleisch abspülen und trockentupfen. In einem Bräter 2 EL Butter erhitzen und das Fleisch von jeder Seite 4 Minuten anbraten, salzen und pfeffern. Knoblauch schälen, in Scheiben schneiden und mit der restlichen Butter in das Bratfett geben.

5 Den Deckel auf den Bräter legen und diesen zum Gemüse in den Ofen stellen. 25–30 Minuten schmoren. Dabei mehrmals mit dem Bratfett übergießen. Herausnehmen und zerteilen; zugedeckt warm halten.

Sauce zubereiten

6 Das Bratfett durch ein Sieb in einen Topf geben, Mehl einrühren, anschwitzen und mit Brühe auffüllen. Gut 10 Minuten offen unter Rühren köcheln lassen. Von der Herdplatte nehmen. Sofort das Eigelb hineinrühren, zuletzt die restliche Crème fraîche einrühren.

7 Auf Tellern das mit etwas Sauce übergossene Fleisch sowie den Gemüsemix anrichten. Mit Schnittlauch oder Petersilie garnieren.

FamilienTipps

■ Für Kinder **Hier können Kids helfen: Bei kleineren Kindern sollten Sie die Kartoffeln und die Möhren (falls gewünscht) selbst schälen. Ihre Kleinen können dann beides klein schneiden.**

■ Profitipp **Hier können Sie Gemüsereste verwerten: Rosenkohl und Maiskörner wie die Möhren mit den Kartoffeln in der Form garen. Für Zucchini oder Brokkoli garen Sie die Kartoffeln 10 Minuten in kochendem Salzwasser vor; dann geben Sie sie, abgetropft, mit den in dicke Scheiben geschnittenen Zucchini oder dem zerteilten Brokkoli in die Form. Alles im Ofen noch etwa 20 Minuten garen.**

Zubereitungszeit
45 Min.
Kosten
preiswert
Kalorien/Portion
ca. 240 kcal

Kleine Hähnchenkeulen auf Ratatouille

Zutaten
für 4 Personen

- 500 g bunt gemischte Paprikaschoten
- 300 g Zucchini
- 1 Gemüsezwiebel
- 2 Knoblauchzehen
- 1 großer Zweig Rosmarin
- 8 Hähnchenunterschenkel (je etwa 100 g)
- etwas Salz
- etwas weißer Pfeffer aus der Mühle
- 3 EL Olivenöl
- 200 g Pizzatomaten (aus der Dose)

Gemüse vorbereiten

1 Die Paprikaschoten waschen, vierteln, entkernen und in Stücke schneiden. Die Zucchini putzen, längs halbieren und in knapp 1 cm dicke Scheiben schneiden.

2 Die Gemüsezwiebel und den Knoblauch schälen. Die Zwiebel halbieren und in dünne Spalten schneiden. Das Rosmarin waschen und trockenschütteln, die Nadeln abzupfen. Den Backofen auf 200 °C (Umluft 170 °C; Gas Stufe 3) vorheizen.

Hähnchenkeulen braten

3 Die Hähnchenkeulen kalt abspülen, trockentupfen, salzen und pfeffern. Das Öl in einer großen Pfanne erhitzen, die Hähnchenkeulen darin rundum anbraten und dann aus der Pfanne nehmen.

Gemüse braten

4 Paprika, Zucchini und Zwiebel ins Bratfett geben und unter Rühren kurz braten. Den Knoblauch dazupressen, Rosmarin und Pizzatomaten zugeben und alles mit Salz und Pfeffer abschmecken.

5 Das Ratatouille in eine feuerfeste Form geben und die Hähnchenkeulen darauf legen. Das Ganze im vorgeheizten Backofen etwa 25 Minuten garen.

FamilienTipps

■ Für Kinder **Kleine Kinder haben manchmal Schwierigkeiten, das Hähnchenfleisch von den Knochen zu lösen. Verwenden Sie in diesem Fall 600 g Hähnchenbrustfilet (mit Haut) für dieses sommerliche Gericht.**

■ Variationen **Statt Rosmarin schmeckt im Ratatouille auch Thymian (½ Bund) sehr gut. Probieren Sie das Ratatouille doch einmal mit einer Gremolata (siehe S. 94)**

■ Für Gäste **Bereiten Sie die doppelte Menge für eine Party zu! Sie können das Ratatouille und die Hähnchenkeulen dann in der Fettpfanne des Backofens garen.**

Zubereitungszeit
1 1/2 Std.
Kosten
preiswert
Kalorien/Portion
ca. 620 kcal

Hähnchenkeulen mit Maiskruste

Zutaten
für 4 Personen

- 300 g dünne Suppennudeln
- etwas Salz
- 4 Hähnchenkeulen
- etwas weißer Pfeffer aus der Mühle
- etwas Paprikapulver, edelsüß
- etwas gemahlener Kreuzkümmel (Kumin)
- 2 EL Speiseöl
- 1–2 rote Paprikaschoten
- 3 Frühlingszwiebeln
- 1 Dose Maiskörner (Abtropfgewicht 285 g)
- 200 g saure Sahne

Nudeln kochen

1 Die Suppennudeln in reichlich Salzwasser nach Packungsanweisung bissfest kochen. Abgießen und abtropfen lassen.

Hähnchenkeulen würzen und braten

2 Die Hähnchenkeulen kalt abspülen, trockentupfen und mit Salz, Pfeffer, Paprikapulver und Kreuzkümmel würzen.

3 Das Öl in einer Pfanne erhitzen und die Keulen darin bei großer Hitze rundum anbraten.

Gemüse vorbereiten

4 Inzwischen Paprika und Frühlingszwiebeln putzen und waschen. Die Paprika würfeln, die Zwiebeln in Ringe schneiden.

5 Den Backofen auf 200 °C (Umluft 170 °C; Gas Stufe 3) vorheizen. Die Hähnchenkeulen aus dem Bratfett nehmen und beiseite stellen. Dann den Mais abtropfen lassen.

Nudelmischung fertig stellen

6 Die Paprika in die Bratpfanne geben und kurz braten. Frühlingszwiebeln und Nudeln untermischen. Eine ofenfeste Form mit etwas Bratfett einfetten. Die Nudelmischung in die Form geben und die Hähnchenkeulen darauf legen.

Mais pürieren

7 Mais, 1 Prise Salz und saure Sahne mit dem Mixstab pürieren und dann alles über die Hähnchenkeulen geben. Die Form auf mittlerer Schiene in den Backofen stellen.

8 Die Hähnchenkeulen etwa 45 Minuten backen und dabei eventuell nach 30 Minuten bedecken.

FamilienTipps

■ **Für Kinder** Wenn Ihre Kinder Paprika nicht mögen, nehmen Sie stattdessen 400 g kleine weiße Champignons. Die dürfen die kleinen Köche selbst putzen und vierteln. Im heißen Bratfett unter Wenden 5 Minuten braten.

■ **Gesundheitstipp** Sie können den Fettgehalt dieses Gerichts reduzieren, wenn Sie die Hähnchenkeulen vor dem Braten häuten.

■ **Partnertipp** Für spätere Esser können Sie eine Extraportion in einer zweiten Form vorbereiten. Diese zugedeckt in den Kühlschrank stellen und bei Bedarf im vorgeheizten Backofen backen.

Zubereitungszeit
1 Std.
Kosten
etwas teurer
Kalorien/Portion
ca. 460 kcal

Zutaten
für 4 Personen

- 600 g fest kochende Kartoffeln
- 400 g grüne Bohnen (TK oder frisch)
- 300 g Pfifferlinge
- 400 ml Gemüsebrühe
- 2–3 EL körniger Senf
- etwas Salz
- etwas weißer Pfeffer aus der Mühle
- 2–3 EL Weißweinessig
- 4 EL Speiseöl
- 1 Bd. Frühlingszwiebeln
- 1 Bd. Basilikum
- 4 Putenschnitzel (je etwa 150 g)
- etwas mildes Currypulver

Gegrillte Putenschnitzel mit Kartoffel-Bohnen-Salat

Kartoffeln kochen

1 Kartoffeln ungeschält etwa 20 Minuten gar kochen. Bohnen putzen, waschen und halbieren.

2 Die Pfifferlinge mit einer Pilzbürste säubern oder mit Küchenkrepp abreiben.

Marinade zubereiten

3 Die Brühe erhitzen und den Senf unterrühren. Kräftig mit Salz, Pfeffer und Essig abschmecken.

Kartoffeln in Scheiben schneiden

4 Kartoffeln abgießen, etwas abkühlen lassen, pellen und in Scheiben schneiden. Mit der heißen Marinade übergießen und vorsichtig mischen.

Pilze braten und Bohnen dünsten

5 Öl erhitzen und die Pilze darin bei mittlerer Hitze etwa 5 Minuten unter Wenden braten. Herausnehmen und zu den Kartoffeln geben.

6 Bohnen ins heiße Bratfett geben und unter Wenden etwa 2 Minuten braten, salzen. 4 EL Wasser zugeben, Pfanne schließen und etwa 12 Minuten bei schwacher Hitze dünsten.

Frühlingszwiebeln und Basilikum vorbereiten

7 Frühlingszwiebeln putzen, waschen und in Ringe schneiden. Basilikum waschen, trockentupfen und die Blättchen hacken.

8 Frühlingszwiebeln, Basilikum und Bohnen mit dem Bratfett unter die Kartoffeln heben.

Putenschnitzel grillen

9 Den Backofengrill vorheizen. Die Schnitzel kalt abspülen, halbieren, trockentupfen und rundum mit Salz, Pfeffer und Currypulver würzen. Dann die Schnitzel etwa 8 Minuten grillen, einmal wenden. Mit dem Salat servieren.

FamilienTipps

Für Kinder Wenn Ihre Kinder Curry nicht mögen, lassen Sie sie Ihr Lieblingsgewürz aussuchen und würzen Sie die Putenschnitzel damit.

Profitipp Wenn Ihr Backofen keinen Grill hat, können Sie die Schnitzel in einer Grillpfanne auf dem Herd grillen. Besonders gut schmecken die Putenschnitzel, wenn sie auf dem Holzkohlegrill zubereitet werden.

Fürs Picknick Die Schnitzel quer in fingerdicke Scheiben schneiden und in 2 EL heißem Öl anbraten. Die Schnitzel würzen und unter Wenden etwa 5 Minuten braten. Heiß unter den Salat mischen.

Zubereitungszeit
1 Std. (plus 12 Std. Marinierzeit)
Kosten
preiswert
Kalorien/Portion
ca. 810 kcal

Zutaten
für 4 Personen

- 2 ganze küchenfertige Hähnchen (je etwa 800 g)
- 4 EL Speiseöl
- 5 EL Terijaki-Sauce
- 2 EL Tomatenmark
- 3 mittelgroße Lauchstangen
- Öl zum Einfetten
- 2 EL Butter
- 1 Dose Mais (etwa 300 g Abtropfgewicht)
- etwas Salz
- etwas Pfeffer aus der Mühle
- je 1/2 TL getr. Thymian und Oregano
- 4 EL Crème fraîche
- 2 TL frische Thymianblättchen
- etwas frischer Oregano zum Garnieren

Grillhuhn mit Lauch-Mais-Gemüse

Grillhuhn zubereiten

1 Die Hähnchen unter fließendem Wasser gründlich abspülen und mit Küchenkrepp trockentupfen. Hähnchen dann halbieren und säubern (siehe unten).

2 Öl, Terijaki-Sauce und Tomatenmark zu einer Marinade verrühren. Die Hähnchenhälften rundum mit der Marinade bestreichen. Zugedeckt in einer Porzellanschüssel einige Stunden, am besten über Nacht, marinieren lassen.

3 Den Backofengrill auf niedrigster Stufe vorheizen. Die Hähnchenhälften mit der Haut nach unten auf ein gefettetes Backblech legen und auf der mittleren Schiene 15 Minuten grillen. Dann weitere 30 Minuten mit der Haut nach oben grillen.

Gemüse zubereiten

4 Inzwischen den Lauch putzen, gut waschen und in Ringe schneiden. In einem Topf die Butter zerlassen und den Lauch darin unter gelegentlichem Wenden 3–4 Minuten braten. Den Mais abtropfen lassen und zum Lauch geben; alles zugedeckt noch gut 5 Minuten dünsten. Das Gemüse mit Salz, Pfeffer und den getrockneten Kräutern abschmecken; mit der Crème fraîche verfeinern.

5 Die fertig gegrillten Hähnchenhälften in Portionsstücke zerlegen und mit dem Gemüse servieren. Den Thymian über das Gemüse streuen. Das Gericht nach Belieben mit frischem Oregano garnieren.

Hähnchen halbieren

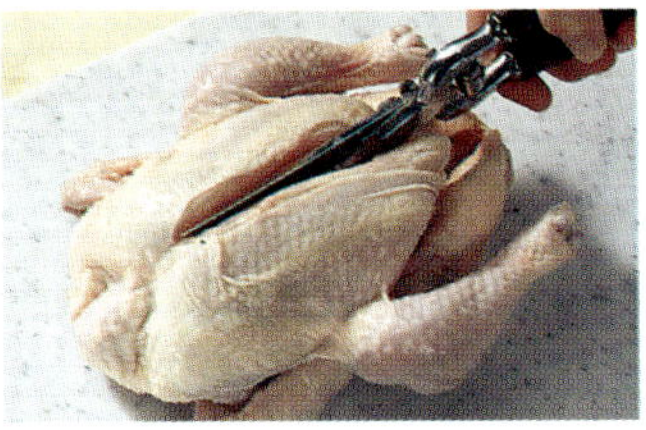

Das Hähnchen mit dem Rücken auf ein Brett legen. Dann das Fleisch entlang dem Brustbein einschneiden und das Brustbein mit der Geflügelschere durchtrennen.

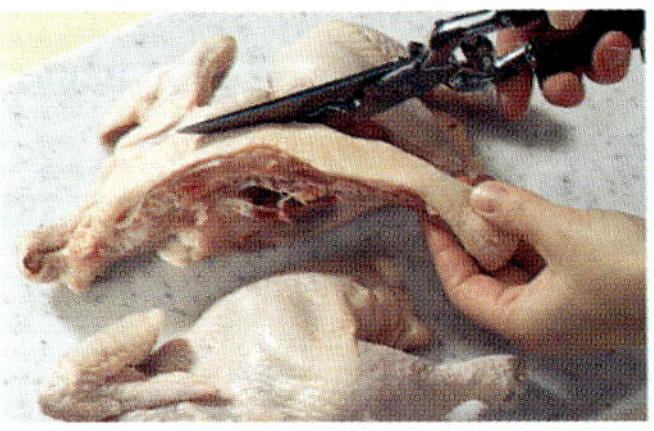

Das Hähnchen umdrehen und die Wirbelsäule beidseitig abschneiden und wegwerfen.

Die Hähnchenhälften innen säubern, kalt abspülen und trockentupfen.

FamilienTipps

■ **Für Kinder** Wenn Sie das Huhn beim Grillen öfter mit Marinade bestreichen, bekommt es eine knusprige Haut. Beim Bestreichen können die Kinder helfen: Dafür geben Sie die Marinade in eine Schale und lassen die Kids mit einem Pinsel das vorbereitete Huhn einstreichen.

■ **Gesundheitstipp** Frisches Geflügelfleisch verdirbt schnell. Deshalb das Fleisch nach dem Kauf sofort in den Kühlschrank legen. Wegen der Salmonellengefahr darf das Fleisch auch im Kühlschrank nicht mit Speisen, die roh verzehrt werden, in Berührung kommen.

■ **Beilagentipp** Bei diesem Geflügelgericht wird jeder sein liebstes Fleisch bekommen – seien es Flügel, Brust, Keule oder Schlegel. Damit auch die Beilagen stimmen, gibt's für die Kleinen Apfelmus und für die anderen Tomatensalat und frisches Baguette – und natürlich Ketchup!

Aus der Pfanne

Zubereitungszeit
40 Min.
Kosten
preiswert
Kalorien/Portion
ca. 710 kcal

Zutaten
für 4 Personen

- 1 Zwiebel
- 1 Knoblauchzehe
- 1 große rote Paprikaschote
- 4 Hähnchenbrustfilets ohne Haut (je etwa 200 g)
- 400 g Rigatoni
- etwas Salz
- 200 g grüne TK-Erbsen
- 1 EL Butterschmalz
- 200 ml Geflügelbrühe
- 1 EL körniger Senf
- 200 g saure Sahne
- 1/2–1 Bd. Pfefferminze (siehe Familientipps)

Rigatoni mit Hähnchenragout

Gemüse und Hähnchen vorbereiten

1 Zwiebel und Knoblauch schälen. Die Zwiebel fein würfeln, den Knoblauch hacken. Die Paprika putzen, vierteln und quer in Streifen schneiden. Das Fleisch kalt abspülen, trockentupfen und würfeln.

Nudeln kochen

2 Die Nudeln in reichlich Salzwasser nach Packungsanweisung bissfest kochen. 3 Minuten vor Ende der Garzeit die gefrorenen Erbsen zugeben und alles aufkochen lassen. Nudeln und Erbsen zu Ende garen, abgießen und abtropfen lassen.

Hähnchen anbraten

3 Inzwischen das Butterschmalz zerlassen und das Fleisch darin rundum anbraten. Salzen. Paprika, Zwiebel und Knoblauch zugeben und alles unter gelegentlichem Rühren etwa 3 Minuten braten.

Sauce fertig stellen

4 Brühe, Senf und saure Sahne verrühren. Die Mischung zum Hähnchenfleisch geben und alles aufkochen lassen. Bei mittlerer Hitze etwa 3 Minuten offen kochen lassen.

5 Die Pfefferminze waschen, trockenschütteln und die Blättchen hacken. Die abgetropften Nudeln zum Hähnchenfleisch geben. Die Pfefferminze unterheben und servieren.

FamilienTipps

■ Für Kinder **Säuglinge und Kleinkinder sollten keine Pfefferminze bekommen. Wegen des hohen Mentholgehalts kann Pfefferminze nämlich bei den Kleinen Erstickungsanfälle hervorrufen.**

■ Einkaufstipp **Wenn Sie keine frische Pfefferminze bekommen, verwenden Sie den Inhalt von 1–2 Beuteln Pfefferminztee oder 1 Bund gehackte Petersilie.**

■ Variation **Bereiten Sie dieses leckere Nudelgericht mit gebratener Putenbrust anstelle von Hähnchenbrustfilet zu. Dann mit Petersilie oder Basilikum würzen.**

Zubereitungszeit
50 Min.
Kosten
preiswert
Kalorien/Portion
ca. 610 kcal

Mandel-Putensteaks mit Tomatengemüse

Zutaten
für 4 Personen

- 500 g reife Tomaten
- 2 rote Zwiebeln
- 1 kleine Knoblauchzehe
- 1 Bd. frischer Thymian
- 1 Bd. glattblättrige Petersilie
- 2 ½ EL Olivenöl
- etwas Salz
- etwas Pfeffer aus der Mühle
- etwas Paprikapulver, edelsüß
- 100 ml Gemüsebrühe (Instant)
- 1–2 TL Zitronensaft
- etwas Zucker
- 100 g Mandelblättchen
- 4 Putensteaks (je 150 g)
- 5 EL Mehl
- 1 frisches Ei
- 5 EL Semmelbrösel
- 3 EL Butterschmalz

Tomatengemüse zubereiten

1 Die Tomaten über Kreuz einritzen, kurz überbrühen, abschrecken und enthäuten. Die Tomaten vierteln, die Stielansätze herausschneiden und die Früchte entkernen. Zwiebeln und Knoblauch schälen, die Zwiebeln halbieren. Den Thymian und die Petersilie waschen, trockentupfen und die Blättchen von den Stielen zupfen. Petersilienblättchen fein hacken.

Gemüse vorbereiten

2 In einer Pfanne 2 EL Öl erhitzen und die Zwiebeln darin glasig braten. Die Tomaten, die Hälfte des Thymians und der Petersilie, etwas Salz, Pfeffer und ½–1 TL Paprikapulver zugeben, den Knoblauch dazupressen. Alles kurz braten, mit der Brühe ablöschen und mit Zitronensaft, Zucker Salz und Pfeffer abschmecken. Etwa 5 Minuten bei mittlerer Hitze garen. Zugedeckt warm halten.

3 Die Mandelblättchen ohne Zugabe von Fett in einer anderen Pfanne rösten.

Putensteaks zubereiten

4 Das Putenfleisch kalt abspülen und trockentupfen. Auf 3 flachen Tellern getrennt das mit Salz, Pfeffer und Paprika vermischte Mehl, das mit dem restlichen Öl verquirlte Ei und die Semmelbrösel bereitstellen. Das Fleisch zuerst in der Mehlmischung wälzen, dann durch die Eimischung ziehen und schließlich in den Semmelbröseln wenden.

5 Das Butterschmalz in einer Pfanne zerlassen und die Putensteaks darin von jeder Seite etwa 4 Minuten braten. Sobald sie gar sind, die Steaks mit dem Tomatengemüse anrichten und mit den restlichen Kräutern sowie den Mandelblättchen bestreut servieren.

FamilienTipps

■ Für Kinder **Wenn bei Ihnen ein fleischloses Mittagessen auf dem Plan steht, dann servieren Sie Ihren kleinen Feinschmeckern das Tomatengemüse solo zu Kartoffelbrei, Ofenkartoffeln, Hirse, Nudeln oder Reis.**

■ Einkaufstipp **Wenn Sie im Winter oder Frühjahr keine frischen aromatischen Tomaten bekommen, können Sie ohne weiteres Dosentomaten nehmen – das spart zudem Zeit bei der Zubereitung.**

■ Partnertipp **Dieses Gemüse lässt sich auch gut einfrieren – also gleich die doppelte Menge zubereiten. So hat der Partner, wenn er einmal allein das Haus hüten muss, eine rasch aufgewärmte Gemüsebeilage parat.**

SABATIER

Zubereitungszeit
1 Std.
Kosten
etwas teurer
Kalorien/Portion
ca. 940 kcal

Zutaten
für 4 Personen

- 75 g Butter
- 1 Zitrone
- 4 säuerliche Äpfel (je etwa 100 g)
- 4 Granatäpfel (siehe Einkaufstipp)
- 2 Entenbrustfilets (je etwa 330 g)
- etwas Salz
- etwas weißer Pfeffer aus der Mühle
- 150 ml Rotwein
- 400 ml Geflügelbrühe (Instant)
- 150 g Zucker

Entenbrust mit Granatapfelsauce

Butter und Äpfel vorbereiten

1 Die Butter klein würfeln und ins Tiefkühlfach legen. Die Zitrone auspressen. Die Äpfel waschen, schälen und vierteln. Die Kerngehäuse herausschneiden und die Viertel dritteln. Zitronensaft und Äpfel mischen.

Granatäpfel vorbereiten

2 Nun 3 Granatäpfel quer halbieren und auspressen. 1 Granatapfel entkernen (siehe unten).

Entenbrust zubereiten

3 Filets abspülen und trockentupfen. Die Haut rautenförmig ein-, aber nicht durchschneiden.

4 Filets ohne Fett bei großer Hitze erst auf der Hautseite 2 Minuten braten. Wenden und 2 Minuten braten. Entenbrüste erneut wenden und bei mittlerer Hitze erst auf der Haut-, dann auf der Fleischseite je 5 Minuten braten.

5 Fleisch beidseitig salzen und pfeffern. Im vorgeheizten Backofen bei 200 °C (Umluft 170 °C, Gas Stufe 3) 15 Minuten braten.

6 Fleisch fest in Alufolie wickeln. Im Backofen bei 100 °C (Umluft 75 °C; Gas Stufe 1) warm halten.

Sauce zubereiten

7 Wein in die Pfanne geben und bei starker Hitze fast verdampfen lassen. Brühe und Granatapfelsaft zugeben und 5 Minuten kochen.

Äpfel karamellisieren

8 Den Zucker in einer Pfanne bei mittlerer bis starker Hitze hellbraun karamellisieren. Äpfel hineingeben. Wenden, warm stellen.

9 Die Butter nach und nach in die nicht mehr kochende Sauce rühren. Granatapfelkerne unterheben. Sauce abschmecken. Fleisch mit Äpfeln und Sauce anrichten.

Granatäpfel entkernen

Die Haut eines Granatapfels von der Blüte zum Stielansatz mehrfach einschneiden.

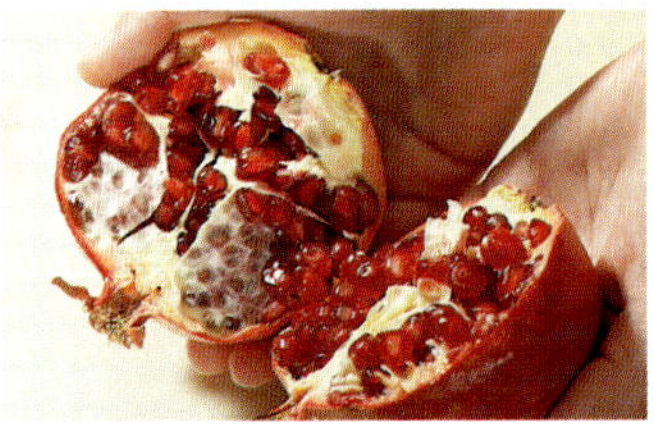

Den Granatapfel in beide Hände nehmen und auseinander brechen (Vorsicht, es spritzt!).

Die Kerne zwischen den Trennhäuten herauslösen, den Saft dabei auffangen.

FamilienTipps

■ **Für Kinder** Lassen Sie Ihre Kinder die Zitrone auspressen und den Saft mit den Äpfeln mischen. Großen Spaß macht es auch, die Kerne aus den von Ihnen vorbereiteten Granatäpfeln zu lösen.

■ **Einkaufstipp** Der Granatapfel hat einen süß-säuerlichen Geschmack, der an Johannisbeeren erinnert. Sie können Granatäpfel für Süßspeisen und für herzhafte Gerichte nehmen. Granatapfelsirup (Grenadine) wird für Cocktails und andere Mixgetränke verwendet.

■ **Für Gäste** Reichen Sie zu diesem feinen Gästeessen den Rotwein, den Sie auch zum Kochen verwenden. Wenn Kinder mitessen, bieten Sie ihnen Traubensaft an.

Zubereitungszeit
40 Min.
Kosten
etwas teurer
Kalorien/Portion
ca. 630 kcal

Zutaten
für 4 Personen

- 1 reife Papaya
- 2 Frühlingszwiebeln
- 2 EL neutrales Öl
- 200 ml Kokoscreme (aus der Dose)
- 2 kleine getrocknete Chilischoten
- 250 g Basmatireis
- 4 Hähnchenbrustfilets
- etwas Salz
- etwas weißer Pfeffer aus der Mühle
- 3 EL helles Sesamöl
- 300 g TK-Brokkoliröschen
- 1–2 EL Kokosraspel

Hähnchenbrust in Papaya-Kokos-Sauce mit Reis

Sauce zubereiten

1 Die Papaya halbieren, die Kerne entfernen und das Fruchtfleisch mit einem Löffel aus der Schale heben. Die Frühlingszwiebeln waschen, putzen und in Ringe schneiden.

2 Das Öl in einem Topf erhitzen und die Frühlingszwiebeln darin anbraten. Papayafruchtfleisch, Kokoscreme und Chilischoten dazugeben und alles offen köcheln lassen, bis das Hähnchen in der Pfanne angebraten ist.

Reis, Fleisch und Gemüse garen

3 Den Reis nach Packungsanweisung garen. Die Hähnchenbrustfilets kalt abspülen, trockentupfen, leicht salzen und pfeffern und in einer Pfanne im heißen Sesamöl von beiden Seiten anbraten. Die Filets aus der Pfanne nehmen und in Scheiben oder Stücke schneiden.

4 Die Chilischoten aus der Sauce holen, diese mit etwas Salz abschmecken und das Fleisch sowie die (noch gefrorenen) Brokkoliröschen hineingeben. Alles in der Sauce offen 10–15 Minuten köcheln lassen.

5 Den Reis mit den Kokosraspeln mischen und auf Teller portionieren. Das Hähnchen mit dem Gemüse und der Sauce dazugeben.

FamilienTipps

■ **Für Kinder** **So knackt man eine Kokosnuss: Mit einem Schraubenzieher die weichen „Augen" durchbohren. Die Kokosmilch in einen Kaffeefilter abfließen lassen. Die Nuss auf ein Tuch legen und unter Drehen mit einem Hammer darauf klopfen, bis die Schale zerbricht. Die Nuss weiter zerklopfen. Kokosfleisch mit dem Messer lösen, braune Haut entfernen. Für Kokoscreme die Kokosmilch mit Kokosfleisch pürieren, bis sie eine sämige Konsistenz hat.**

■ **Partnertipp** **Dieses Gericht eignet sich gut zum Einfrieren. Füllen Sie die Sauce mit Fleisch und Gemüse in Portionsbehälter, dann muss der Partner nur noch Reis kochen, oder, wenn's noch schneller gehen soll, Nudeln.**

Zubereitungszeit
1 Std. (plus 40 Min. Backzeit)
Kosten
etwas teurer
Kalorien/Portion
ca. 560 kcal

Putenbrust mit Chinakohl-Kirsch-Gemüse

Zutaten
für 4 Personen

- 750 g ausgelöste Putenbrust
- etwas Salz
- etwas Pfeffer aus der Mühle
- 6–7 EL Butter
- 4 Frühlingszwiebeln
- 1 Lorbeerblatt
- 3 Gewürznelken
- 1 kleines Stück Zimtstange
- 1/8 l Geflügelbrühe (Instant)
- 500 g Süßkirschen
- 40 g Mandelblättchen
- 600 g Chinakohl
- 1 Prise Zucker

Fleisch garen

1 Die Putenbrust mit Salz und Pfeffer einreiben. 2–3 EL Butter in einem Bräter zerlassen und die Putenbrust darin bei mittlerer Hitze auf beiden Seiten etwa 4 Minuten anbraten. Die Frühlingszwiebeln waschen, putzen, in Ringe schneiden und kurz mitbraten. Dann das Lorbeerblatt und die Gewürze zugeben und mit der Geflügelbrühe ablöschen. Zugedeckt 40 Minuten schmoren.

Beilagen zubereiten

2 Inzwischen die Kirschen waschen und entsteinen. Die Mandelblättchen in einer trockenen Pfanne rösten und wieder herausnehmen. Die restliche Butter in der Pfanne zerlassen und die Kirschen darin kurz schwenken.

3 Den Chinakohl in Blätter zerteilen, waschen, trockenschütteln und in Stücke schneiden. Den Kohl in einem Topf in 2 EL Butter andünsten, bis er zusammenfällt, und mit Salz und Pfeffer würzen. Die Kirschen und die Mandeln zum Kohl geben und dann alles mit Salz, Pfeffer und Zucker abschmecken.

Gericht servieren

4 Die fertig gegarte Putenbrust in Stücke schneiden, auf Portionsteller verteilen, mit einem Teil des Bratensafts begießen und das Kirschgemüse daneben anrichten.

FamilienTipps

■ Für Kinder Wenn Ihre Kinder Gewürznelken und Zimt nicht mögen, lassen Sie die Gewürze bei der Zubereitung einfach weg. Eventuell müssen Sie dann aber mit etwas gekörnter Brühe nachwürzen.

■ Variation Nicht jeder mag die Kombination von Gemüse und süßem Obst. Ergänzen Sie den Chinakohl alternativ mit anderen Gemüsen, z. B. mit Bohnensprossen, Mais oder Paprika. Dann schmecken Sie das Gemüse mit Ingwerpulver und Sojasauce würzig ab und bestreuen das Gericht zum Schluss mit gerösteten Cashewkernen.

Zubereitungszeit
1 Std.
Kosten
preiswert
Kalorien/Portion
ca. 450 kcal

Zutaten
für 4 Personen

Für die Frikadellen
- 600 g Hähnchenbrustfilet ohne Haut
- etwas Salz
- etwas weißer Pfeffer aus der Mühle
- 3 Frühlingszwiebeln
- 1 frisches Ei
- 1 frisches Eiweiß
- 80 g Semmelbrösel
- 3 EL Butterschmalz

Für die Currysauce
- 1–2 EL Currypulver
- 250 ml Geflügelbrühe (Instant)
- 2–3 EL Zitronensaft
- 150 g Crème fraîche
- 1/2 Bd. Petersilie
- etwas Zucker

Hähnchenfrikadellen mit Currysauce

Hähnchenbrust dämpfen

1 Die Filets kalt abspülen, trockentupfen, salzen und pfeffern. Das Fleisch in einen Dämpfeinsatz geben und über kochendem Wasser im geschlossenen Topf etwa 20 Minuten dämpfen. Das Fleisch abkühlen lassen.

Frühlingszwiebeln klein schneiden

2 Die Frühlingszwiebeln putzen und waschen. Das Grün in Ringe schneiden und das Weiße würfeln.

Hähnchenfleisch hacken

3 Das Fleisch dünn in Scheiben schneiden und dann mit einem schweren Messer klein hacken.

4 Fleisch, Frühlingszwiebeln, Ei, Eiweiß und Semmelbrösel in einer großen Schüssel mischen. Mit Salz und Pfeffer würzen und alles zu einem glatten Teig verkneten.

Frikadellen formen und braten

5 Den Teig zu 8–10 Frikadellen formen. Diese im zerlassenen Butterschmalz in einer Pfanne bei mittlerer Hitze auf jeder Seite etwa 5 Minuten braten. Aus der Pfanne nehmen und warm stellen.

Currysauce zubereiten

6 Curry in die Pfanne geben und kurz anschwitzen. Brühe, Zitronensaft und Crème fraîche zugeben und bei starker Hitze cremig einkochen. Gelegentlich rühren

7 Die Petersilie waschen, trockentupfen und die Blättchen hacken. Eventuell einige Blättchen für die Garnitur zurückhalten.

8 Die Sauce mit Salz und Pfeffer, Zitronensaft und etwas Zucker abschmecken. Die Petersilie in die Sauce rühren und mit den Frikadellen servieren. Dazu passt Reis als Beilage.

FamilienTipps

■ Für Kinder **Dämpfen ist eine kalorienarme Zubereitungsart. Dämpfen Sie die doppelte Menge Hähnchenbrustfilet. Dieses können Sie Ihren Kindern als Pausenbrotbelag mit in die Schule oder in den Kindergarten geben.**

■ Profitipp **Kein Dämpfeinsatz? Eine Tasse mit der Öffnung nach unten in einen Topf stellen und diesen etwa 3 cm hoch mit Wasser füllen. Einen Teller mit dem Fleisch auf die Tasse stellen. Topf schließen und dämpfen.**

■ Fürs Picknick **Die Hähnchenfrikadellen schmecken auch kalt sehr gut! Mit frischen Brötchen, Salat, Gurken und Tomaten lassen sich schnell „Hähnchenburger" zaubern!**

Zubereitungszeit
1 Std.
Kosten
preiswert
Kalorien/Portion
ca. 1050 kcal

Zutaten
für 4 Personen

Für die Poularde

- 1 küchenfertige Poularde (etwa 1,3 kg)
- etwas Salz
- etwas weißer Pfeffer aus der Mühle
- 2 rote Paprikaschoten
- 2–3 Knoblauchzehen
- 3 Zwiebeln
- 1 unbehandelte Zitrone
- 3 EL Öl
- 1–2 EL Mehl
- 2 EL Paprikapulver, edelsüß
- 4 EL Tomatenmark
- 400 ml Geflügelbrühe (Instant)
- 150 g Crème fraîche
- etwas Zucker

Für die Nockerln

- 2 frische Eier
- 1/2 TL Salz
- 400 g Mehl (Type 550)
- 5 EL Butter

Ungarisches Paprikahuhn

Poularde und Paprika vorbereiten

1 Die Poularde innen und außen waschen, trockentupfen und in 6 oder mehr Teile zerlegen (siehe unten). Salzen und pfeffern.

2 Paprikaschoten waschen, putzen, vierteln und würfeln. Knoblauch und Zwiebeln schälen. Zwiebeln längs halbieren und in Ringe schneiden. Knoblauch hacken. Zitrone waschen, Schale abreiben.

Poularde braten

3 Öl in einem Schmortopf erhitzen. Hähnchenteile portionsweise im heißen Fett rundum anbraten. Fleisch aus dem Topf nehmen.

4 Zwiebeln, Knoblauch und Paprika im Bratfett kurz braten. Das Gemüse mit Mehl und Paprikapulver bestäuben und unterheben. Zitronenschale, Brühe und Tomatenmark zugeben. Unter Rühren aufkochen. Fleisch in die Sauce geben. Zugedeckt 30 Minuten schmoren.

Nockerln zubereiten

5 Eier, Salz und 250 ml lauwarmes Wasser verrühren. Mehl untermischen und zu einem glatten Teig verkneten. Diesen 15 Minuten ruhen lassen. Butter zerlassen. Salzwasser in einem Topf aufkochen. Den Teig gut durchrühren und portionsweise durch einen Spätzlehobel ins kochende Wasser hobeln. Wenn die Nockerln nach oben steigen, herausnehmen und kalt abschrecken. Gut abtropfen lassen, mit der zerlassenen Butter mischen und warm stellen.

Sauce fertig stellen

6 Fleisch herausnehmen. Crème fraîche in die Sauce rühren und mit Salz, Pfeffer und Zucker abschmecken. Fleisch in die Sauce geben und mit Nockerln servieren.

Poularde zerteilen

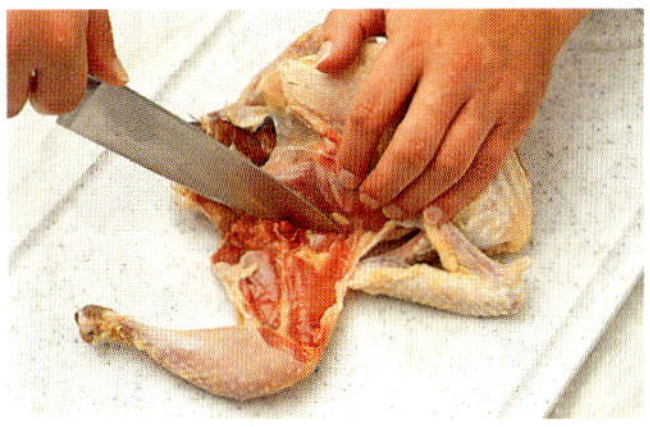

Die Poularde auf den Rücken legen. Das Fleisch am Keulenansatz durch einen Schnitt ringsum bis zum Gelenk hin einschneiden.

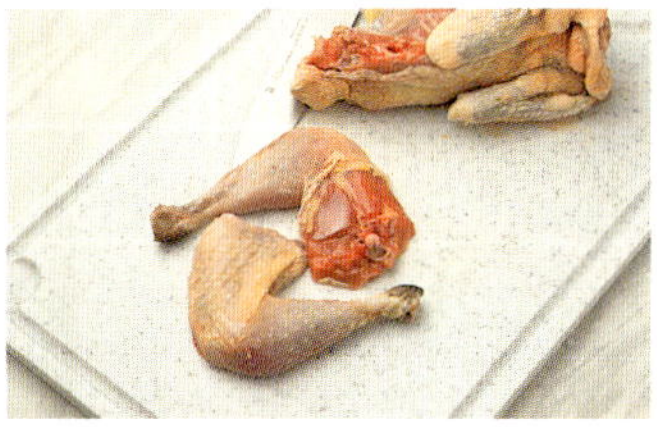

Die Keulen zur Seite biegen und dann die Gelenke mit einem großen Messer oder mit einer Geflügelschere durchschneiden.

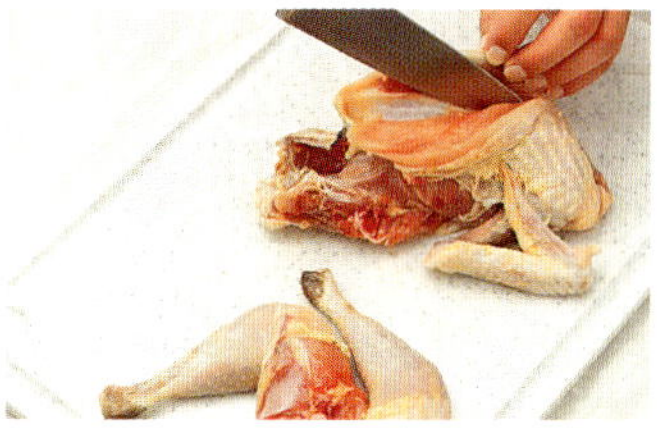

Das Brustfleisch am Brustbein entlang senkrecht einschneiden. Den weichen Brustknochen mit einer Geflügelschere durchschneiden. Die Bruststücke vom Rücken abtrennen. Dann quer in Flügel- und unteres Bruststück zerteilen.

FamilienTipps

■ **Für Kinder** Das Hobeln der Nockerln können die kleinen Meisterköche mit Ihrer Hilfe erledigen. Übrigens: Restliche Nockerln schmecken aufgebraten prima. Dazu passt wirklich nur Tomatenketchup!

■ **Profitipp** So haben Sie eine große Ausbeute beim Reiben von Zitronenschale: Legen Sie ein Stück Backpapier auf die Reibe. Reiben Sie die Schale auf dem Papier ab. Nun können Sie das Papier abziehen und die Zitronenschale mit dem Messerrücken vom Papier streifen.

■ **Für Gäste** Wenn Sie Kalorien sparen möchten, verwenden Sie statt der Crème fraîche die gleiche Menge saure Sahne. Denn Crème fraîche enthält 40 % Fett, saure Sahne dagegen lediglich 18 %.

Geschmorte Putenkeulen

Zubereitungszeit
2 Std.
Kosten
etwas teurer
Kalorien/Portion
ca. 620 kcal

Zutaten
für 4 Personen

Für das Fleisch

- 2 Putenunterkeulen (etwa 1,8 kg; siehe Einkaufstipp)
- etwas Salz
- etwas schwarzer Pfeffer aus der Mühle
- 3–4 EL Mehl
- 400 g Möhren
- 4 Stangen Staudensellerie
- 2 rote Zwiebeln
- 4 Knoblauchzehen
- 4 EL Olivenöl
- 3 Lorbeerblätter
- je 1/2 TL getr. Thymian, Majoran und Oregano
- 1/4 l Weißwein (oder Brühe mit Zitronensaft)
- 1/8 l Geflügelbrühe
- 1 Dose Pizzatomaten (Füllmenge 400 g)

Für die Gremolata

- 1 unbehandelte Zitrone
- 2–3 Knoblauchzehen
- 1 Bd. Petersilie

Fleisch vorbereiten

1 Die Putenkeulenscheiben kalt abspülen, häuten, trockentupfen und mit Salz und Pfeffer würzen. Das Mehl auf einen tiefen Teller geben und die Keulenscheiben damit sorgfältig panieren.

Gemüse vorbereiten

2 Die Möhren schälen und würfeln. Den Sellerie waschen, putzen und in etwa 2 cm dicke Stücke schneiden. Die Zwiebeln schälen, vierteln und in Stücke schneiden. Den Knoblauch schälen.

Fleisch und Gemüse anbraten

3 Das Öl in einem flachen Bräter erhitzen und das Fleisch darin rundum anbraten; herausnehmen. Möhren, Sellerie und Zwiebeln im Bratfett kurz anbraten.

4 Den Knoblauch dazupressen. Lorbeerblätter und Kräuter zugeben, Wein und Brühe zugießen. Fleisch auf das Gemüse geben.

Putenkeulen schmoren

5 Alles aufkochen lassen und bei schwacher Hitze etwa 1 1/2 Std. zugedeckt schmoren.

Gremolata zubereiten

6 Inzwischen für die Würzmischung die Zitrone heiß abwaschen und die Schale abreiben (siehe Profitipp S. 93). Den Knoblauch schälen und fein hacken.

7 Die Petersilie waschen und trockenschütteln. Die Blättchen abzupfen und bis auf einige für die Garnitur hacken. Mit Zitronenschale und Knoblauch mischen.

Putenkeulen fertig stellen

8 Etwa 20 Minuten vor Ende der Garzeit die Tomaten zum Fleisch geben, alles kurz aufkochen lassen und dann fertig schmoren. Mit Salz und Pfeffer abschmecken und mit der Gremolata eventuell mit etwas Petersilie garniert servieren.

FamilienTipps

■ Für Kinder **Während die Keulen schmoren, können Sie mit Ihren kleinen Meisterköchen die Gremolata fertig stellen. Denn welches Kind ist nicht stolz, wenn es bei Tisch erzählen kann, wie es die Gremolata zubereitet hat!**

■ Beilagentipp **Zu diesem Gericht aus der italienischen Lombardei passt am besten ein italienisches Weißbrot (Ciabatta) mit oder ohne Kräuter.**

■ Einkaufstipp **Bestellen Sie das Fleisch beim Geflügelhändler vor. Lassen Sie sich die Keulen in etwa 4 cm dicke Scheiben schneiden. Gibt es keine Unterkeulen, nehmen Sie 1,5 kg Putenoberkeule (dieses Fleisch würfeln!).**

Zubereitungszeit
1 Std.
Kosten
etwas teurer
Kalorien/Portion
ca. 470 kcal

Entenbrust mit Senf-Kräuter-Kruste zu Rosenkohl

Zutaten
für 4 Personen

- 2 Entenbrüste mit Fettschicht (je etwa 300 g)
- 3 EL Dijonsenf
- 1 TL getrocknete französische Kräuter
- etwas Salz
- etwas grob gemahlener schwarzer Pfeffer
- 2 EL Öl
- 1 kleine Zwiebel
- 600 g Rosenkohl (siehe schneller Tipp)
- 1 EL Butter
- etwas frischer Rosmarin zum Garnieren (nach Belieben)

Entenbrust garen

1 Die Entenbrüste kalt abspülen, abtupfen (falls nötig häuten). Die Fettschicht der Entenbrüste einige Male kreuzweise einschneiden. Den Senf mit den getrockneten Kräutern sowie Salz und Pfeffer vermischen.

2 Das Öl in einer Pfanne erhitzen und das Fleisch darin zuerst auf der Fettseite, dann auf der anderen, jeweils etwa 5 Minuten anbraten. Herausnehmen, 2 EL Fett abnehmen und beiseite stellen.

3 Die Entenbrüste beidseitig mit der Senfmischung bestreichen und das Fleisch zurück in die Pfanne geben. Den Deckel auflegen und die Entenbrüste in weiteren 10 Minuten bei mittlerer Hitze fertig garen. Es sollte beim Anstechen hellroter Fleischsaft austreten. Die Entenbrüste zugedeckt warm halten.

Rosenkohl zubereiten

4 Die Zwiebel schälen, fein hacken und in der Entenpfanne kurz anbraten. Den Rosenkohl putzen und in kochendem Salzwasser in etwa 10–15 Minuten bissfest garen. In ein Sieb abgießen, die Butter mit dem zurückbehaltenen Entenfett im Topf zerlaufen lassen und den Rosenkohl darin schwenken.

Gericht servieren

5 Die Entenbrüste in Scheiben schneiden und mit dem Rosenkohl auf Portionstellern anrichten. Die Zwiebel über den Rosenkohl geben. Das Gericht nach Belieben mit frischem Rosmarin garnieren.

FamilienTipps

■ Für Kinder **Wenn Ihre Kinder zu Blähungen neigen oder Rosenkohl nicht mögen, einfach weniger Rosenkohl zubereiten und dafür Apfelmus oder Bratkartoffeln als Beilage zur Entenbrust servieren.**

■ Der schnelle Tipp
Beim Kauf von Rosenkohl sollten Sie darauf achten, dass die kleinen Knollen keine welken oder gelben Außenblätter besitzen. Im Handel wird Rosenkohl aus heimischer Ernte von September bis Dezember angeboten. Grundsätzlich gilt für dieses Gemüse: Je später im Jahr, desto besser, denn Rosenkohl braucht wie Grünkohl ein bisschen Frost, damit er richtig gut und leicht süßlich schmeckt.

Für Picknick und Party

Zubereitungszeit
1 Std.
Kosten
preiswert
Kalorien/Portion
ca. 720 kcal

Blätterteigpasteten mit Hähnchenfüllung

Zutaten
für 12 Stück

- 1 Packung TK-Blätterteig (450 g)
- 1 Bd Frühlingszwiebeln
- 1 Knoblauchzehe
- 2 große Tomaten
- 4 Zweige Salbei
- 250 g Hähnchenbrustfilet ohne Haut
- 2 EL Öl
- etwas Salz
- etwas weißer Pfeffer aus der Mühle
- 125 g Mozzarella
- 100 g Raclette-Käse
- etwas Mehl zum Ausrollen

Blätterteig auftauen lassen

1 Zuerst die Blätterteigscheiben nebeneinander liegend auftauen lassen.

Gemüse und Salbei vorbereiten

2 Die Frühlingszwiebeln putzen und waschen. Den grünen Teil in Ringe schneiden, den weißen Teil würfeln. Den Knoblauch schälen. Tomaten waschen, halbieren und würfeln. Salbei abspülen, trockentupfen und die Blättchen quer in dünne Streifen schneiden.

Hähnchenfleisch würfeln

4 Das Hähnchenbrustfilet kalt abspülen, trockentupfen und in kleine Würfel schneiden.

Füllung zubereiten

5 Das Öl erhitzen und das Fleisch darin unter Wenden anbraten. Zwiebeln, Tomaten und Salbei zugeben, Knoblauch dazupressen. Etwa 2 Minuten braten, salzen und pfeffern. Füllung beiseite stellen.

Pasteten vorbereiten

6 Den Blätterteig auf bemehlter Arbeitsfläche an den Längsseiten etwas größer ausrollen (etwa 2 cm). Die Platten quer halbieren, sodass Quadrate entstehen.

7 Die Teilquadrate in ein Muffinblech mit 12 Mulden drücken. Die Teigecken überstehen lassen.

Pasteten füllen und backen

8 Den Backofen auf 200 °C (Umluft 170 °C; Gas Stufe 3) vorheizen. Den Mozzarella trockentupfen, würfeln, unter die Füllung mischen und diese auf die Pasteten verteilen. Den Raclette-Käse reiben und darüber streuen.

9 Die Pasteten im Ofen zunächst 10 Minuten auf unterster Schiene, dann weitere 15 Minuten auf mittlerer Einschubhöhe backen. Im ausgeschalteten Ofen 5 Minuten ruhen lassen, aus den Mulden lösen und servieren.

FamilienTipps

■ Für Kinder **Kleine Küchenhelfer dürfen den Blätterteig ausrollen, die Teigplatten halbieren und den Pastetenteig in die Muffinmulden drücken.**

■ Beilagentipp **Die Blätterteigpasteten schmecken warm und kalt. Reichen Sie dazu einen grünen Salat.**

■ Fürs Picknick **Die Pasteten lassen sich prima mitnehmen! Lösen Sie sie aus den Mulden und lassen Sie sie abkühlen. Zum Transport die Pasteten wieder in das Blech geben und mit Alufolie bedecken.**

Pie mit Hähnchen-Currygemüse-Füllung

Zubereitungszeit
50 Min. (plus 1 Std. Kühlzeit und 50 Min. Backzeit)
Kosten
preiswert
Kalorien/Portion
ca. 290 kcal

Zutaten
für 10 Stück

- 70 g Butter
- 500 g Mehl
- etwas Salz
- 2 Hühnerbrustfilets
- etwas Pfeffer aus der Mühle
- 2 feste Birnen
- etwas Zitronensaft
- 2 Möhren
- 1 rote Paprikaschote
- 2 Frühlingszwiebeln
- 100 g Champignons
- ½ TL Currypulver
- 2 EL Crème fraîche
- etwas Mehl zum Bemehlen
- etwas Butter zum Einfetten

Mürbeteig zubereiten

1 Etwa 50 g Butter zerlassen, mit dem Mehl, 1 TL Salz und ¼ l lauwarmem Wasser zu einem glatten Teig verarbeiten. Den Teig zu einer Kugel formen, in Folie wickeln und 1 Stunde kalt stellen.

Füllung zubereiten

2 Die Hühnerbrust kalt abspülen, trockentupfen, in 1 EL zerlassener Butter von jeder Seite 2 Minuten anbraten und würzen. Das Fleisch dann in Scheiben schneiden. Die Birnen schälen, vierteln, entkernen, das Fruchtfleisch in Stücke schneiden und mit Zitronensaft beträufeln.

3 Champignons mit Küchenkrepp abreiben und das restliche Gemüse waschen. Alle Gemüsesorten putzen, in Stücke schneiden und in der restlichen Butter etwa 5 Minuten unter Wenden braten. Mit Curry, Salz und Pfeffer würzen. Crème fraîche, Hühnerfleisch und Birnenstücke unterrühren.

Pie backen

4 Den Backofen auf 200 °C (Umluft 170 °C; Gas Stufe 3) vorheizen. Etwa zwei Drittel des Teigs auf einer bemehlten Arbeitsfläche zu einem Kreis von etwa 30 cm Ø ausrollen. 1 Pie- oder Springform (24 cm Ø) fetten und mit dem ausgerollten Teig auslegen. Die Ränder hochdrücken. Den Teig 10 Minuten vorbacken.

5 Die Ofentemperatur auf 180 °C (Umluft 150 °C; Gas Stufe 2) zurückschalten. Die Füllung auf den Teig geben. Den restlichen Teig zu einem Kreis von 24 cm Ø ausrollen, in der Mitte des Teigs eine Öffnung ausstechen und darauf legen. Überstehende Ränder zur Mitte überschlagen und andrücken. Die Pie 35–40 Minuten backen, eventuell mit Alufolie bedecken.

FamilienTipps

■ Für Kinder **Pikante Kuchen oder Pies sind bei Kindern beliebt. Sie sind einfach zu essen, saftig und eine ideale Abwechslung zur heiß geliebten Pizza.**

■ Der schnelle Tipp **Wenn es schnell gehen muss, bereiten Sie die Pie mit TK-Blätterteig zu. Lassen Sie diesen nur leicht antauen und legen Sie die Form damit gleichmäßig aus. Wo gestückelt wird, die Ränder gut andrücken.**

■ Für Gäste **Variante: 10 Kreise (10 cm Ø) aus dem Teig rollen, je etwas Füllung auf eine Seite geben, die Ränder mit Eiweiß bestreichen und die andere Hälfte darüber klappen. Auf einem gefetteten Blech 30 Minuten backen.**

Linsensalat mit Entenbrust

Zubereitungszeit
40 Min. (plus 2 Std. Ziehzeit)
Kosten
preiswert
Kalorien/Portion
ca. 400 kcal

Zutaten
für 4 Personen

- 300 g Entenbrust
- etwas Salz
- etwas schwarzer Pfeffer aus der Mühle
- etwas gemahlener Kreuzkümmel
- 4 EL Öl
- 300 ml Geflügelbrühe (Instant)
- 125 g rote Linsen
- 1 Bd. Frühlingszwiebeln
- 150 g eingelegter Kürbis (aus dem Glas; abgetropft)
- 1 Bd. Kerbel
- 4 EL Apfelessig
- etwas Kürbissud nach Bedarf

Fleisch garen

1 Die Entenbrust kalt abspülen und trockentupfen. Das Fleisch auf der Fettseite einige Male kreuzweise einschneiden und rundum mit Salz, Pfeffer und etwas Kreuzkümmel würzen.

2 In einer Pfanne 1 EL Öl erhitzen. Die Entenbrust darin mit der Fettseite nach unten bei mittlerer Hitze etwa 5 Minuten braten, wenden und weitere 4–5 Minuten braten. Aus der Pfanne nehmen.

Linsen garen

3 Die Brühe aufkochen und dann die Linsen darin zugedeckt bei schwacher Hitze etwa 10 Minuten köcheln lassen. Die Linsen in ein Sieb abgießen und abtropfen lassen.

Restliche Zutaten vorbereiten

4 Die Frühlingszwiebeln putzen, waschen und schräg in feine Ringe schneiden. Die Kürbisstücke in Scheiben schneiden. Den Kerbel waschen, trockentupfen und fein hacken.

5 Aus 2–3 EL Kürbissud, dem Essig und dem restlichen Öl eine Vinaigrette zubereiten und mit Salz, Pfeffer und Kreuzkümmel abschmecken. Alle vorbereiteten Zutaten damit vermengen und den Salat zugedeckt mindestens 2 Stunden ziehen lassen. Nach Bedarf noch etwas Kürbissud zugeben.

6 Das Fleisch in Scheiben schneiden und zusammen mit dem Linsensalat servieren.

FamilienTipps

■ Für Kinder **Je kleiner die Linsen, desto geringer die Blähungen – und rote Linsen gehören zu den kleinsten. Dennoch: Für Kinder, die zu Blähungen neigen, halbieren Sie die Linsenmenge und verwenden mehr Gemüse.**

■ Variationen **Lust auf Exotisches? Wenn Sie den Salat zusätzlich mit Chilipulver und etwas Garam Masala würzen, machen Sie damit einen kulinarischen Ausflug in die indische Küche!**

■ Für Gäste **Wenn Ihre Gästen Deftiges bevorzugen, liegen Sie mit diesem Salat genau richtig. Lassen Sie einfach den exotischen Kreuzkümmel weg, servieren Sie kräftiges Bauernbrot, Butter und ein kaltes Bier dazu.**

Zubereitungszeit
1 Std. (plus 12 Std. Marinierzeit, 45 Min. Garzeit und etwa 8 Std. Kühlzeit)
Kosten
preiswert
Kalorien/Portion
ca. 300 kcal

Zutaten
für 6 Personen

- 250 g Hühnerleber
- 250 g Putenleber
- 125 ml Apfelsaft
- etwas Pfeffer aus der Mühle
- 1 TL getrockneter Thymian
- 40 g Speck
- 4 EL Butter
- etwas Salz
- 4 süß-säuerliche Äpfel (z. B. Jonagold)
- Saft von 1/2 Zitrone
- 1 Bd. glattblättrige Petersilie
- 6–8 feste Salatblätter (am besten Romanasalat)

Hühnerleber-Apfel-Terrine

Leber vorbereiten

1 Die Lebern putzen, eventuell vorhandene Sehnen entfernen und die Häute abziehen. Hühnerlebern halbieren, Putenlebern in große Stücke schneiden. Das Fleisch über Nacht im Apfelsaft mit Pfeffer und Thymian marinieren.

2 Am nächsten Tag die Leber aus der Marinade nehmen, abtropfen lassen, Marinade auffangen. Leber trockentupfen. Speck fein würfeln, in 3 EL Butter ausbraten. Die Leberstücke in der Speck-Butter-Mischung kurz unter Wenden anbraten und salzen. Herausnehmen und zugedeckt beiseite stellen.

Äpfel vorbereiten

3 Die Äpfel schälen, vierteln und vom Kernhaus befreien. Mit etwas Zitronensaft beträufeln. Apfelviertel im Bratfett der Leber andünsten, ohne dass die Butter bräunt.

Terrine schichten

4 Leber unter die Äpfel mischen, salzen, pfeffern und leicht abkühlen lassen. Petersilie waschen, trockentupfen, hacken und untermischen. Salatblätter kurz in heißes Wasser legen. Eine kleine Kastenform damit auskleiden (siehe unten). Leber- und Apfelstücke hineingeben. Ofen auf 150 °C (Umluft 120 °C; Gas Stufe 1–2) vorheizen.

5 Die restliche Butter zum Saft in der Pfanne geben und mit der Marinade dickflüssig einkochen, auf die Terrine geben. Salatblätter darüber zusammenschlagen.

Terrine garen

6 Die Terrine mit Alufolie bedecken, in eine mit heißem Wasser gefüllte Bratenform setzen und im heißen Backofen etwa 45 Minuten ziehen lassen. Die Terrine etwas beschweren, auskühlen und im Kühlschrank fest werden lassen.

Eine Terrine zubereiten

Die Terrinenform mit den blanchierten Salatblättern auslegen, sodass noch genügend überhängt, damit die Terrine bedeckt werden kann.

Leber- und Apfelstücke ganz dicht und abwechselnd, schön angeordnet einschichten. Mit der Marinade übergießen.

Die Salatblätter über der Füllung zusammenschlagen, die Terrine mit Alufolie bedecken und zum Garen in ein heißes Wasserbad setzen.

FamilienTipps

■ **Für Kinder** Der süß-säuerliche Geschmack der Äpfel mildert den etwas strengen Geschmack der Leber und gibt dem Gericht ein feines Aroma. Doch nicht nur wegen des Geschmacks, sondern auch wegen des höheren Schadstoffgehalts sollten Sie Innereien eher selten servieren.

■ **Beilagentipp** Als Beilagen servieren Sie zu dieser Terrine frisches Weißbrot – nach Belieben getoastet. Dazu gibt es einen bunten Salat aus 200 g Feldsalatblättern, 150 g bunten Paprikawürfeln und 150 g halbierten oder geviertelten Cocktailtomaten mit einer Vinaigrette.

■ **Einkaufstipp** Geflügelleber bekommen Sie am besten beim Metzger (evtl. vorbestellen), beim Geflügelhändler oder an der Geflügeltheke eines großen Lebensmittelmarktes. Beim Kauf sollten Sie unbedingt auf Frische achten!

Zubereitungszeit
1 ¼ Std.
Kosten
preiswert
Kalorien/Portion
ca. 640 kcal

Gebratene Hähnchenflügel

Zutaten
für 4 Personen

- 3 Zwiebeln
- 2 Knoblauchzehen
- 300 g brauner Zucker
- 1–2 TL Salz
- 120 g Tomatenketchup
- 4–5 EL Weißweinessig
- 3 TL Senfpulver
- etwas weißer Pfeffer aus der Mühle
- 2 EL Öl
- 2 kg Hähnchenflügel
- 1–2 Bd. Koriandergrün

Barbecuesauce vorbereiten

1 Die Zwiebeln und den Knoblauch abziehen. Die Zwiebeln fein würfeln und den Knoblauch zerdrücken.

2 Zwiebeln, Knoblauch, Zucker, Salz und Ketchup in einem Topf verrühren. Weißweinessig und Senfpulver zugeben und alles pfeffern.

Barbecuesauce kochen

3 Die Sauce aufkochen und etwa 15 Minuten bei kleiner Hitze offen unter Rühren köcheln lassen.

Hähnchenflügel vorbereiten

4 Den Backofen auf 200 °C (Umluft 170 °C; Gas Stufe 3) vorheizen und 2 Bleche mit Alufolie auslegen. Die Alufolie mit dem Öl bestreichen.

5 Die Hähnchenflügel kalt abspülen und trockentupfen. Die Flügel auf den Blechen verteilen und beide Bleche in den Backofen schieben. Die Hähnchenflügel 20 Minuten braten, dabei nach 10 Minuten die Bleche austauschen (bei Umluft nicht nötig).

Barbecuesauce verstreichen

6 Die Hähnchenflügel mit der Barbecuesauce bestreichen und weitere 30 Minuten braten. Gelegentlich wenden und dabei wiederum mit der Barbecuesauce bestreichen.

Koriander hacken

7 Den Koriander waschen, trockentupfen und mit den feinen Stielen grob hacken. Über die gebratenen Hähnchenflügel streuen und sofort servieren.

FamilienTipps

■ Für Kinder **Chickenwings sind der absolute Partyrenner! Für die Kinderparty schneiden Sie die Flügel vor dem Braten im Gelenk mit einer Schere durch.**

■ Beilagentipp **Eine Beilage ist für dieses unkomplizierte Gericht nicht zwingend notwendig. Reichen Sie Fladenbrotstreifen oder Kartoffelchips dazu.**

■ Für Gäste **Die Hähnchenflügel eignen sich hervorragend für ein Partybuffet und schmecken auch lauwarm sehr gut! Man isst sie übrigens am besten als Fingerfood – also genügend Papierservietten bereitlegen!**

Zubereitungszeit
45 Min. (plus 1 Std. Marinierzeit)
Kosten
preiswert
Kalorien/Portion
ca. 710 kcal

Zutaten
für 4 Personen

- 2 Frühlingszwiebeln
- 1–2 Stängel Zitronengras
- 20 g frischer Ingwer
- 1 TL Korianderkörner
- 1 Dose Kokosmilch (Füllmenge 165 g)
- 6–8 EL Sojasauce
- 600 g Hähnchenbrustfilet ohne Haut
- 1 Limette
- 6 EL Erdnusscreme
- 150 g Frühstücksspeck (Bacon)

Hähnchenspieße mit Erdnussdip

Marinade vorbereiten

1 Die Frühlingszwiebeln und das Zitronengras putzen, waschen und in feine Ringe schneiden. Den Ingwer dünn schälen und hacken. Den Koriander im Mörser grob zerstoßen.

2 Kokosmilch und 4 EL Sojasauce verrühren. Frühlingszwiebeln, Zitronengras, Ingwer und Koriander untermischen.

Hähnchenbrustfilet in Scheiben schneiden

3 Die Hähnchenbrustfilets trockentupfen und längs in etwa 1 cm dicke Streifen schneiden. Die Streifen mit Folie bedecken und mit der Kuchenrolle flach drücken (siehe unten). In der Marinade mindestens 1 Stunde, besser über Nacht, durchziehen lassen.

Erdnussdip zubereiten

4 Inzwischen für den Dip die Limette heiß abspülen und die Schale dünn abreiben. Den Limettensaft auspressen. Saft, Schale und Erdnusscreme verrühren. Alles mit Sojasauce abschmecken.

Spieße vorbereiten und braten

5 Den Backofengrill vorheizen. Den Speck quer halbieren. Das Fleisch aus der Marinade nehmen und je 1 Hähnchenscheibe auf 1/2 Speckscheibe legen. Zusammen ziehharmonikaartig auf Holzspieße stecken.

6 Die Spieße unter dem Grill etwa 8 Minuten grillen, dabei einmal wenden. Die Spieße mit dem Erdnussdip servieren.

Hähnchenspieße zubereiten

Die in Streifen geschnittene Hähnchenbrust mit Folie bedecken und mit der Kuchenrolle flach drücken (nicht rollen!).

Hähnchenstreifen mit der Marinade übergießen und darin zugedeckt mindestens 1 Stunde ziehen lassen.

Je 1 Hähnchenstreifen auf 1/2 Speckscheibe legen und ziehharmonikaartig auf Holzspieße stecken.

FamilienTipps

Für Kinder Bringen Sie Abwechslung in den Pausenbrot-Alltag: Bereiten Sie die doppelte Menge Erdnussdip zu. Er ist eine prima Grundlage für ein Hähnchenfleisch-Gurke-Sandwich. In ein kleines Gefäß gefüllt, eignet er sich auch zum Dippen von Gemüse.

Gesundheitstipp Wundern Sie sich nicht, dass bei diesem Gericht kein zusätzliches Salz verwendet wird. Sojasauce enthält genügend Salz, um die Hähnchenspieße zu würzen!

Beilagentipp Hierzu passen gebratene Gurkenstifte: Eine Salatgurke entkernen und in ½ cm dicke Streifen schneiden. Die Streifen in heißem Öl 3 Minuten braten. Mit Salz und 1 Prise Cayennepfeffer würzen.

Hähnchenkeulen im Teig

Zubereitungszeit
1 ¾ Std.
Kosten
preiswert
Kalorien/Portion
ca. 810 kcal

Zutaten
für 4 Personen

Für den Teig

- 3 EL Butter
- 500 g Mehl
- 1 P. Trockenhefe
- etwas Salz
- etwas Mehl zum Bestäuben und Ausrollen

Für die Hähnchenkeulen

- 1 EL Öl
- 12 Hähnchenunterschenkel (je etwa 100 g)
- ½–1 Zweig Rosmarin (oder ½–1 TL getr. Rosmarin)
- 3 EL Senf
- 1 TL Paprikapulver, edelsüß
- etwas Salz
- etwas schwarzer Pfeffer aus der Mühle
- 12 Scheiben spanischer Serrano-Schinken (etwa 150 g)
- 1 frisches Ei

Hefeteig zubereiten

1 Butter bei schwacher Hitze zerlassen. In einer Schüssel Mehl, Hefe und 1 TL Salz mischen. 250 ml lauwarmes Wasser und die Butter mit den Knethaken des Handrührgeräts unterarbeiten. Mit den Händen zu einem geschmeidigen Teig kneten. Zugedeckt an einem warmen Ort etwa 30 Minuten gehen lassen.

Hähnchenkeulen vorbereiten

2 Backofen auf 220 °C (Umluft 190 °C; Gas Stufe 3–4) vorheizen. Fettpfanne einölen.

3 Hähnchenkeulen häuten und in der Fettpfanne etwa 12 Minuten braten, nach 6 Minuten wenden.

Würzcreme zubereiten

4 Rosmarin abspülen, trockentupfen und die Nadeln abzupfen. Rosmarinnadeln hacken.

5 Senf, Paprikapulver und Rosmarin verrühren. Mit Salz und Pfeffer würzen. Jede Keule mit etwas Creme bestreichen und in eine Schinkenscheibe wickeln.

6 Ein Muffinblech mit 12 Mulden auch zwischen den Mulden fetten und dünn mit Mehl bestäuben.

Hefeteig ausrollen

7 Den Teig durchkneten und halbieren. Jeden Teil zu einer Rolle formen und diese sechsteln. Jede Portion auf bemehlter Arbeitsfläche zu Fladen (20 cm Ø) rollen.

Keulen mit Teig ummanteln

8 Je eine Keule auf einen Fladen geben. Teig so zusammenfassen, dass das obere Ende der Keule gerade eben herausschaut. Teigenden verdrehen und andrücken. Keulen in die Form setzen.

Hähnchenkeulen backen

9 Ei verquirlen und den Teigmantel damit bepinseln. Das Blech in den Ofen schieben und die Keulen etwa 35 Minuten backen.

FamilienTipps

■ **Für Kinder** **Hier ist Teamarbeit gefragt! Unser Vorschlag: Lassen Sie Ihre Kinder den Hefeteig ausrollen und die Hähnchenkeulen mit Würzcreme bestreichen.**

■ **Beilagentipp** **Zu diesem Gericht passt am besten ein grüner Salat mit Paprika, Tomaten, Mais und Frühlingszwiebeln. Reichen Sie hierzu ein Joghurtdressing.**

■ **Partnertipp** **Die Hähnchenkeulen schmecken auch kalt ausgezeichnet. Bei Bedarf können sie aber auch bei 150 °C (Umluft 120 °C; Gas Stufe 1–2) in 20 Minuten aufgebacken werden.**

Zubereitungszeit
1 ½ Std.
Kosten
preiswert
Kalorien/Portion
ca. 470 kcal

Crêpes mit Gemüse-Hähnchen-Füllung

Zutaten
für 4 Personen

- 100 g Mehl
- 100 ml Mineralwasser
- etwas Salz
- 3 frische Eier
- 70 g Butter
- etwa 150 ml Milch
- 2 Hähnchenbrustfilets (je etwa 100 g)
- etwas Pfeffer aus der Mühle
- ⅛ l kräftige Geflügelbrühe (Instant)
- 250 g Möhren
- 1 kleine Knoblauchzehe
- 250 g Zuckerschoten
- 1 Bd. Basilikum

Crêpeteig zubereiten

1 Mehl, Mineralwasser, 1 Msp. Salz, Eier und 1 EL zerlassene und wieder abgekühlte Butter verrühren. So viel Milch zugießen, dass der Teig dünnflüssig wird. Quellen lassen, bis die übrigen Zutaten vorbereitet sind.

Fleisch garen

2 Während der Teig quillt, die Hähnchenbrust mit Salz und Pfeffer würzen. Das Fleisch in 2 EL Butter bei mittlerer Hitze anbraten und mit der Brühe ablöschen. Das Fleisch zugedeckt etwa 12 Minuten schmoren. Warm halten.

Füllung zubereiten

3 Möhren putzen, schälen und schräg in Scheiben schneiden. 2 EL Butter in einem Topf zerlassen und die Möhren darin anbraten. Den Knoblauch schälen und dazupressen. Den Deckel auflegen und die Möhren etwa 8 Minuten dünsten.

4 Inzwischen die Zuckerschoten waschen, die Enden abschneiden, dabei eventuell vorhandene Fäden abziehen. Die Schoten halbieren, zu den Möhren geben und das Gemüse weitere 5 Minuten zugedeckt dünsten.

5 Das Basilikum waschen, trockentupfen und die Blättchen in feine Streifen schneiden. Zum Gemüse geben; mit Salz und Pfeffer abschmecken. Die Hähnchenbrustfilets in kleine Würfel schneiden und unter das Gemüse heben. Warm halten.

Crêpes backen und füllen

6 Aus dem Teig in einer beschichteten Pfanne in der restlichen Butter dünne Pfannkuchen backen. Die Crêpes auf Teller legen, etwas von der Füllung auf eine Hälfte geben, die andere Hälfte darüber schlagen und die Crêpes servieren.

FamilienTipps

■ **Für Kinder** Crêpes oder Pfannkuchen, egal ob süß oder pikant, schmecken fast allen Kindern. Bereiten Sie daher gleich die doppelte Menge zu und frieren Sie einen Teil ein – am besten mit einzelnen Lagen Butterbrotpapier dazwischen. So können Sie Ihren Kindern schnell einmal Crêpes mit einer beliebigen Fruchtsauce servieren und haben immer Vorrat für eine Pfannkuchensuppe.

■ **Variation** Wenn Sie keine Zuckerschoten bekommen, können Sie auch grüne Bohnen – lange dünne oder die breiten aus dem griechischen bzw. türkischen Lebensmittelladen – oder kleine Brokkoliröschen nehmen.

Alphabetisches Rezeptverzeichnis

Rezeptverzeichnis nach Kapiteln

Suppen und Salate

Aus dem Topf

Aus dem Ofen und vom Grill

Aus der Pfanne

Für Picknick und Party

Hinweise zu den Rezepten

Abkürzungen

EL	=	Esslöffel (gestrichen)	ml	=	Milliliter
			cl	=	Zentiliter
TL	=	Teelöffel (gestrichen)	kcal	=	Kilokalorien
			Min.	=	Minute(n)
Msp.	=	Messerspitze	Std.	=	Stunde(n)
Bd.	=	Bund	Ø	=	Durchmesser
P.	=	Päckchen	getr.	=	getrocknet
TK-...	=	Tiefkühl-...	ger.	=	gerebelt
l	=	Liter	cm	=	Zentimeter

Maßumrechnungstabelle

1 l = 1000 ml = 10 dl	1 Esslöffel = 15 ml
1 Tasse = 150 ml	1 Teelöffel = 5 ml
1 Wasserglas = 200 ml	1 dag = 10 g (für Österreich)

Gasherdtemperaturen

Die Temperaturen entsprechen beim Gasherd diesen Stufen

150–175 °C = Gasstufen 1–2	200–225 °C = Gasstufen 3–4
175–200 °C = Gasstufen 2–3	225–250 °C = Gasstufen 4–5

Die Rezepte sind für 4 Personen berechnet. Ausnahmen sind im Rezeptkopf angegeben.

Die Kalorienangaben beziehen sich immer auf 1 Portion.

In der Reihe »Familienküche« sind im FALKEN Verlag bereits erschienen:
Aufläufe, Gratins & Soufflés (Best.-Nr. 7492)
Nudeln (Best.-Nr. 7493)
Fondue, Raclette & Heißer Stein (Best.-Nr. 7494)
Kartoffeln (Best.-Nr. 7495)
Pizza, Quiche & Tarte (Best.-Nr. 7536)
Sie sind überall erhältlich, wo es Bücher gibt.

Sie finden uns im Internet: **www.falken.de**

Dieses Buch wurde auf chlorfrei gebleichtem und säurefreiem Papier gedruckt.

Der Text dieses Buches entspricht den Regeln der neuen deutschen Rechtschreibung.

ISBN 3 8068 7534 0

Umschlaggestaltung: Eisele Grafik-Design, München
Umschlagfotos: vorne: **FALKEN Verlag**, Niedernhausen: großes Foto / **Kristin Schnell**, Hamburg: kleines Foto; hinten: **FALKEN Verlag**, Niedernhausen: Fotos Mitte u. unten / **Kristin Schnell**, Hamburg: Foto oben
Gestaltungskonzeption: FALKEN Verlag, Niedernhausen
Redaktion: red.sign, Stuttgart
Koordination und Schlussredaktion: Elly Lämmlen, FALKEN Verlag
Herstellung: Ulrich Klein, FALKEN Verlag und red.sign, Stuttgart
Rezeptfotos: Ulrich Kopp, Füssen
Weitere Fotos im Innenteil: Kristin Schnell, Hamburg: Vorsatz, S. 4 oben, 12 und 13 / **FALKEN Archiv:** W. Feiler: S. 9 unten; Gerlach: S. 8; TLC: S. 11, S. 92 (3 Fotos); WMF Aktiengesellschaft, Geislingen/Steige: S. 9 oben und 10

Satz: red.sign, Stuttgart
Gesamtkonzeption: FALKEN Verlag, D-65527 Niedernhausen/Ts.

817 2635 4453 6271